STUTTGART

ZUM VERWEILEN

////////////////////////

Herausgegeben von
Friederike Ehwald und Andrea Friedel

Gestaltet von
Katinka Reinke

RECLAM

2021 Philipp Reclam jun. Verlag GmbH,
Siemensstraße 32, 71254 Ditzingen
Umschlagabbildung und Vignetten: Katinka Reinke
Typografie: fuxbux, Berlin
Druck und Bindung: Eberl & Koesel GmbH & Co. KG,
Am Buchweg 1, 87452 Altusried-Krugzell
Printed in Germany 2021
RECLAM ist eine eingetragene Marke
der Philipp Reclam jun. GmbH & Co. KG, Stuttgart
ISBN 978-3-15-020627-0
www.reclam.de

Inhalt

Eine Stadt zum Verweilen 7

1 HAUPTBAHNHOF 9
Jan Snela: Dass diese Furcht zu irren ... 10

2 MARQUARDTBAU 16
Joachim Ringelnatz: Stuttgart & Stuttgarts
Wein- und Bäckerstuben 17

3 MARKTPLATZ 20
Eduard Mörike: Das Stuttgarter Hutzelmännlein 22

4 BOHNENVIERTEL: WEINSTUBE BASTA 26
Wolfgang Schorlau: Die blaue Liste 28

5 JUGENDHAUS MITTE 31
Massive Töne: Mutterstadt 32

6 HOPPENLAUFRIEDHOF 36
Wilhelm Hauff: Zwerg Nase 38

7 HÖLDERLINPLATZ 45
Friedrich Hölderlin: Stuttgart 46

8 SCHOKOLADENFABRIK WALDBAUR 53
Wilhelm Raabe: Fabian und Sebastian 55

9   **S-BAHNHOF FEUERSEE** 58
Wolfgang Stauch: Tatort: Du allein **60**

10   **BIRKENKOPF (MONTE SCHERBELINO)** 65
Sibylle Lewitscharoff: Montgomery **67**

11   **STÄFFELE »ZUR SCHILLEREICHE«** 71
Friedrich Schiller: Die Räuber **72**

12   **VILLA ZUNDEL** 76
Rosa Luxemburg / Clara Zetkin: Briefwechsel **78**

13   **OSTENDSTRASSE** 84
Anna Katharina Hahn: Aus und davon **85**

14   **SWR** 89
Helmut Heißenbüttel: Spaziergang in Stuttgart **90**

15   **WEISSENHOFSIEDLUNG** 95
Kurt Schwitters: Bericht über die Werkbundausstellung Weißenhofsiedlung **96**

16   **BERGER STEG** 101
George Orwell: Die Deutschen zweifeln noch immer
an unserer Einigkeit: Die Flaggen helfen nicht **102**

17   **THADDÄUS-TROLL-PLATZ** 107
Thaddäus Troll: Der Entaklemmer **108**

Textverzeichnis **110**

Eine Stadt
zum Verweilen

Das erste Auto, der erste Fernsehturm, der erste seriell gefertigte Büstenhalter: Stuttgart ist eine Stadt der Tüftler und Denkerinnen. Die Landeshauptstadt ist aber vor allem auch: eine Literaturstadt. Sie zählt zu den vier größten Verlagsstädten Deutschlands und hat eine Vielzahl an bedeutenden Schriftstellerinnen und Schriftstellern großgezogen bzw. ihnen vorübergehend eine Heimat gegeben – darunter Johann Friedrich Cotta, Hermann Lenz, Ottilie Wildermuth, Arthur Rimbaud, Robert Musil, Hermann Hesse, Robert Walser und Jella Lepman.

Gelebte Literatur hat hier viele Treffpunkte: Das Literaturhaus Stuttgart, die preisgekrönte Stadtbibliothek oder das Stuttgarter Schriftstellerhaus sind immer auf der Suche nach neuen Talenten oder bringen etablierte Literatinnen und Literaten auf die Bühne. Doch nicht nur das geschriebene, sondern auch das gesprochene Wort hat in dieser Stadt einen hohen Stellenwert. Stuttgart bietet als mehrfache Kulturhauptstadt Deutschlands eine lebendige Theaterszene mit dem größten Drei-Sparten-Haus (Theater, Oper, Ballett) in Europa. Und selbst die schwäbische

Küche kann literarisch schmecken: Der berühmte Stuttgarter Sternekoch Vincent Klink verbindet in seinen Büchern gekonnt Kulinarisches mit seiner Liebe zur Literatur.

Für unsere literarische Tour wurden siebzehn Orte ausgewählt und mit Romanauszügen, Gedichten, Briefen, einem Songtext und sogar einem Drehbuchausschnitt verbunden. Sie sollen den Kessel in seiner kulturellen Vielfalt zeigen. Den Anfang der Reise macht der wohl umstrittenste Ort der Stadt: Für den Hauptbahnhof verfasste der Schriftsteller Jan Snela eine literarische Miniatur, die uns den Mercedes-Stern mit anderen Augen sehen lassen wird. Freuen können wir uns zudem auf das turbulente Bohnenviertel und die Bar Basta, in der uns Wolfgang Schorlaus bekannter Privatermittler Dengler auf den einen oder anderen Absacker einlädt. Anna Katharina Hahn bringt uns dagegen den schwäbischen Osten ein Stück näher, und George Orwell berichtet aus seiner Zeit als Kriegsreporter im Stadtteil Bad Cannstatt.

Lassen wir uns von Dichterinnen und Denkern, neuen Klängen und dem altbekannten Sound einfangen!

Viel Spaß wünschen
Friederike Ehwald und Andrea Friedel

1

HAUPTBAHNHOF

///////////////////////////////

Mit Bits und Bytes durch
den Bahnhof

Angekommen am Stuttgarter Hauptbahnhof, findet man sich inmitten einer trubeligen Großbaustelle wieder. Das denkmalgeschützte Bauwerk wird im Rahmen des Projektes »Stuttgart 21« zum unterirdischen Durchgangsbahnhof umgebaut. Als der »Nabel Schwabens« ist der Hauptbahnhof deutschlandweit bekannt – und das vor allem als emotional streitbarer, politischer Ort. Die Kontroversen und Proteste rund um das Großprojekt griffen auch Schriftstellerinnen und Schriftsteller wie Anna Katharina Hahn, Wolfgang Schorlau und Heinrich Steinfest auf.

Mit dem Bahnhofsturm und dem fast fünf Meter großen Mercedes-Stern auf seiner Spitze ist der Bahnhof ein Besuchermagnet. Vor allem seine Aussichtsplattform, die einen herrlichen Blick über die Stuttgarter Innenstadt bietet, erfreut sich großer Beliebtheit. Gebaut wurde er mitunter von dem Architekten Paul Bonatz, ein namhafter Vertreter der »Stuttgarter Schule«.

Die Ankunft am Bahnhof hat der Stuttgarter Schriftsteller Jan Snela zum Thema einer Erzählung gemacht. Snela wurde 1980 in München geboren und debütierte 2016 mit dem Erzählband *Milchgesicht*. Der titelgebende Spruch seiner literarischen Miniatur *Dass diese Furcht zu irren …* wurde 1993 auf die Fassade des Bahnhofs gesetzt, musste aber mittlerweile den Umbauarbeiten weichen. Er stammt von einem großen Philosophen der Landeshauptstadt: Georg Wilhelm Friedrich Hegel – trotz der drei Vornamen ein und dieselbe Person, und nicht, wie von Snela auf die Schippe genommen, ein dialektisches Drillingsbrüderduo. Denn Snelas Figur, ein digitaler Flaneur, vermischt gerne Phantasie und Realität. Am Hauptbahnhof gestrandet, fühlt sie sich inmitten der Umbauarbeiten wie in einem unterirdisch fliegenden Raumschiff. Und tatsächlich lässt sich vom Bahnhof aus ganz leicht nach den Sternen greifen: Das Carl-Zeiss-Planetarium, gelegen im angrenzenden Mittleren Schlossgarten, lockt mit einer Reise durch das Sonnensystem.

JAN SNELA

Dass diese Furcht zu irren …

Ein Meteorit ist ein Festkörper kosmischen Ursprungs, *der die Atmosphäre durchdrungen und statt zu verglühen die Erde erreicht hat,* las ich und sah wieder auf. Das Ungetüm, das mich wie einen Jedi sein Schwert mein Smartphone zücken hatte lassen, ragte in die beinahe sternlose Nacht. Ein wenig half mir der konsultierte Artikel, den mich bestürzenden Brocken auf der gegenüberliegenden Straßenseite in mein von ihm erschüttertes Stadtbild einzupassen. Der vor Jahrtausenden auf die Erde gestürzte Koloss hatte während des Krieges ein Loch bekommen, das nun, nach seiner erfolgreichen Flickung und Jahren intakten Betriebs, wieder aufgerissen wurde. Ich hatte es selbst gesehen. In improvisierten Tunneln, die über den Abgrund führten, eröffneten plexigläserne Sichtluken dem Stehenbleibenden, was in seinen Tiefen geschah. Ich hatte die Erdaufwühlung zunächst für eine Art chthonischen Kult KI-begabter Robotosaurier im Sog einer münzenklimpernden Macht gehalten, doch – beim Weitergoogeln vom Hölzchen aufs Stöckchen kommend – erfahren, dass der Bahnhof lediglich im Begriff war, in eine Art unterirdisch fliegendes Raumschiff umgebaut zu werden. Dagegen war meines Erachtens nichts einzuwenden. Wie sich die Menschen Stuttgarts deshalb über Jahre hinweg in die Haare kriegen konnten (wie Wikipedia wusste), entzog sich meinem Verständnis. Ohnehin waren mir zum jetzigen Zeitpunkt die Menschen Stuttgarts noch ganz und gar fremd. Vor ein paar Minuten erst hatte ein Rollband mich in die Stuttgarter Nacht befördert, mit solcher Verve, dass ich mich stolpernd und staunend nach dem Gebäude umsah, das mich soeben ausgespien hatte.

Über der gekappten Spitze seines auf eine filigrane Art klobigen Turms drehte sich ein leuchtender Stern notorisch-stet um sich selbst. Der große Konzern, der die

Motorisierung der brummenden Stadt besorgte, hatte die solcher gleißenden Gegenleistung entsprechende Summe springen lassen. Eine nachhaltige Investition, firmierte das Firmenlogo so doch als eine Art Wahrzeichen Stuttgarts – à la Akropolis, Tour Eiffel. Erstmals seit Jahren musste ich plötzlich an meine Freunde Motz und Pecunio denken. Ich erinnerte mich, wie wir an lauen Abenden durchs ferne Viertel unserer behüteten Jugend zogen und Sterne pflückten. An den Schimmer der Karosserien im Licht der Laternen und an das dumpfe Knacken, mit dem sich Stern um Stern von der Motorhaube löste, während wir unsere Mission erfüllten. Wie es wohl klänge, wenn ein jäh aus der Dunkelheit geschlüpfter riesiger Punk dem bethlehemischen Hohn auf dem Turm ein Ende setzte? Ich wartete, ob sich nicht vielleicht tatsächlich dergleichen ereignen würde. Aber, leider nein, nichts geschah.

Was ich stattdessen sah, waren glitzerbejackte Bengel in bouncenden Boots, die mit ausladend gestischem Schwung und Küsschen karikierenden Schmatzgeräuschen die Zigaretten aus ihren daran zuzelnden Mündern zupften. Einen lotternden Lord, der in einem der Abfalleimer nach weggeworfenen Burgern, Bananen, Käsestangen oder dergleichen andern Dingen wühlte. Männer und Frauen, die Sträuße von Einkaufstüten schwenkten und mir ein seltsames Lächeln schenkten. Unter ihren im schaufensterleuchtenden Dunkel funkelnden Aluhüten hervor flog es mich verschwörerisch an.

Über allem schwebte ein rustikaler Charme. Von dunklen Hängen winkte mit in Scheinwerferkegeln glänzenden Blättern und blinkte mit Träubchen der Wein. In meinen Ohren dröhnte Motorenkeifen, und meine Lunge füllte sich mit den Hustenwölkchen der aus dem Schoß der Kolchose gefahrenen Karren, die man hier aus Kartoffeln schnitzte, die ein spezieller Dünger auf Dieselbasis zu solcher Verwertung geeignet machte. Auch das hatte ich erfahren. Hatte ich doch vor dem Beschluss, nach Stuttgart umzusiedeln, ein klein wenig recherchiert.

Der Prozess der Entscheidung dauerte sieben Nächte und einen Tag. Dann trugen Fortbewegungsmächte mich durch den Abend, flog das dunkelnde Land, zwar nicht sternschnuppenschnell, wohl aber rasend an mir vorüber. Ein galoppierender Rappe war jedes Windrad, war jedes Haus, jeder Baum. Kaum hatte die Schaffnerinnenstimme vom Nahen meines ersehnten Ziels gekündet, sprang ich auf, und mein Rollkoffer holterdipolterte über die glänzenden Lederschuhe »heho!«-krakelend gegelter Herren, die Gewinn-und-Verlust-Bilanzen in ihre Laptops hackten – hin zu den mich zischend aus diesem Ritt-in-die-Nacht entlassenden, klappernden Türen.

Da stand ich also am Start einer Einkaufsmeile, deren Warenhäuser die arglosen Menschen schluckten und sie – beladen mit Spielkonsolen, knisternden Tangas, vulgären Hotdoghaltern, Postern mit Psaltern und was weiß ich noch allem – zurück in den Abend spuckten. So also sah sie aus, die Stadt, in der ich eines Tages beerdigt würde. Seit an Seit mit Matilde, die ich in exakt einer Stunde an einem Ort namens Schlossplatz treffen sollte.

Die Turmuhr unter dem sich immer noch drehenden Stern zeigte genau acht Uhr.

Mein Blick folgte der Richtung des Stundenzeigers und fiel noch einmal auf den leuchtenden Spruch, der die Fassade des Bahnhofs zierte. Es war ein Halbsatz, dessen stille Schrift den seltsamen Wortlaut *dass diese Furcht zu irren schon der Irrtum selbst ist* in strahlendes Schweigen hüllte. Darunter stand: *G. W. F. Hegel*. Ich zückte wieder mein Smartphone und eruierte, dass es sich bei Georg, Wilhelm und Friedrich H. um drei immens gescheite, sich immerzu um eine Eulenfeder zankende Zwillingsbrüder handle. Und dass sie den *großen Söhnen Stuttgarts* zuzurechnen seien. Aber auch ohne das hätte der Halbsatz mir schwer imponiert, war er mir doch schon vorhin beim ersten Lesen bis tief ins Mark gedrungen. Seine wirkliche Wirkung entfaltete er allerdings erst im Moment des Wiederlesens, mit einer merkwürdigen, mich in ihrer Entfaltungsallmählichkeit verwirrenden Wucht.

Ich dachte bang an Matilde. Gut drei Wochen war es nun bereits her, unser Kennenlernen im Flitzen der Bits und der Bytes. Wir hatten einander ins Sein geswiped, einander nach und nach einverleibt ins hiesige Drüben ewiger Chatverläufe, Telefonate, Skypeeinheiten, und uns – im Blingbling der Hochzeitsring-Emojis – schließlich verliebt und verlobt. Es war nicht, dass mir nun Zweifel kamen. Ich hatte eigentlich auch keine Bedenken, dass ich den Schlossplatz finden würde. Schließlich handelte es sich bei der zurückzulegenden Strecke laut Google Maps um einen immer der Nase nach führenden Fußweg von lediglich fünf Minuten, der leicht zu meistern wäre. Was ich aber sehr wohl verspürte, war die Furcht, dass mich besagte Furcht erfassen könnte … Und war – wenn die Furcht zu irren der Irrtum selbst war – nicht auch die Furcht vor der Furcht vielleicht bereits diese Furcht?

Entschlossen zitternd (es war vor Mut!) begann ich, mich auf den Weg zu machen. Gemäß meiner Weise zu gehen – eine Art Dreischritt, bei dem ein Bein dem andern ein Bein zu stellen pflegte, zu welchem Zweck es sich je und je wieder fing –, bewegte ich mich durch die Königstraße. Die Türen der labyrinthischen Warenhäuser schnappten nach meinem Leib, und beladene Leute wurden mir in den Weg geschleudert. Aber nicht ich war es, der ihnen auswich! Mit der mir eigenen Unbeirrbarkeit hielt ich Kurs. Ich gewann sogar richtig an Fahrt. Vorbei flogen ein Kaufhof und ein Stehimbiss namens Ützelbrützel. Vorbei flogen Kinos, Cafés. In Schaufensterscheiben sah ich mich durch das Dunkel schnellen.

Nach einigen Lichtsekunden blickte ich nochmal zurück. War doch der Punk erschienen? Oder war ich nur so rasant vorangekommen? Vom sich drehenden Stern war jedenfalls nichts mehr zu sehen.

2

MARQUARDTBAU
KÖNIGSTRASSE 22

////////////////////////////////

Partys und Paillettenkleider

In der Königstraße 22, nicht weit entfernt vom Haupt-bahnhof, befindet sich der denkmalgeschützte Mar-quardtbau. Entdecken lassen sich hier Restaurants und gemütliche Cafés, kleine Innenstadt-Kinos oder die Schauspielbühne *Komödie im Marquardt*. Früher war das Eckgebäude an Stuttgarts längster Einkaufsstraße ein Hotel, das zu den führenden Häusern Deutsch-lands gehörte, erbaut 1872 bis 1874 und top modern ausgestattet mit einer von Robert Bosch persönlich eingebauten Klingelanlage. Prominente Persönlichkei-ten wie Richard Wagner, Otto von Bismarck oder Graf Ferdinand von Zeppelin kamen im Hotel Marquardt unter; Franz Liszt spielte hier ein Konzert.

In den 1920ern zählte auch der Dichter und Kaba-rettist Joachim Ringelnatz (1883–1934) zu den Gästen. »Ich trete hier ziemlich vornehm auf, verkehre im ers-ten Hotel; aber das wirkt sich gut aus!! Heute spreche ich im Radio. Ja, Stuttgart ist schön, gegen dies Scheiß-münchen ein Paris«, heißt es in einem seiner Briefe.

In den »Roaring Twenties«, der Blütezeit der Va-rietés, galt Stuttgart neben Berlin als Hochburg der Avantgarde. Die Stadt bot Provokation, Kultur und Le-benslust. So besuchte die feinere Gesellschaft im Hotel

Marquardt Konzerte oder traf sich zum Tanz. Damals ebenso beliebt: die Bar Excelsior an der Ecke Büchsen- und Schlossstraße. Hier konnte man auch den Dichter Ringelnatz auf der Bühne sehen – im Matrosenanzug, seine Gedichte rezitierend und den betrunkenen See- mann zum Besten gebend. »Excelsior ist oft leer, weil die Schwaben ängstlich mit Geld sind«, schrieb er 1931. Den Ruf, ihr gesamtes Geld für ein eigenes Haus zu sparen, hatten die Schwaben also damals schon.

JOACHIM RINGELNATZ

Stuttgart

Ich kam von Düsseldorf, dort sah ich Radschläger.
Ich kam nach Stuttgart, dort trank ich Steinhäger
Denn mit dem schwäbischen Wein
Scheint mir nicht allzuviel los zu sein,
Wenigstens nicht mit dem billigen.
Doch ich wohnte in dem Olgabau,
Einem Schlosse einer hohen Frau,
Die mir auch die besten Sorten tat bewilligen.
Schien auch dem Publikum zu genügen.
Durfte über ein Auto verfügen,
Fuhr mit diesem herrschaftlichen Benz
Wie eine quietschfidele Eminenz
Nach Marbach an dem Hause vor,
Wo Kodweiß Schillern einst gebor,

Ging auch kollegial hinein
(Scheinbar schien mir alles dürftig, ernst und klein),
Sah mich also recht bescheiden eilig satt,
Freute mich später kannibalisch dann
Über einen Brunnen Zum wilden Mann,
Welcher Wilde zwei Feigenblätter hat,
Und zwar nämlich eins vorn irgendwo
Und das andere ganz hinten vorm Popo.

Kehren wir nach Stuttgart nun zurück. –
Und wer will, der mag dort bleiben. –
Ich persönlich schwamm dort wie ein Schwamm im Glück,
Heißt: Ich soff mich voll und ließ mich treiben.
Nach der Wettermeldung war es kalt.
Ich besuchte eine Irrenanstalt.
Eine Schizophrenin sprach so wunderwirr.
Ach, was ich noch alles schaute!
Und wie fürstlich wohnte, wie gesagt, ich hier!
Dass ich niemals mich aufs Nachtgeschirr
Und auch sonst mir vieles nicht getraute.

Morgen zwölf Uhr lande ich bei dir.
Und was bringe ich als Souvenir?
Was von Stuttgart mit? – Manch treuen Gruß,
Eine Probe des erwähnten Weines,
Anekdoten und ein süßes, kleines
Embryo in Spiritus.

Stuttgarts Wein- und Bäckerstübchen

Vor dem heißen Ofen balgen
Katzen sich. Wie dumme Jungen.
Auf dem Tisch an kleinem Galgen
Hängen Brezel, schön geschwungen.

Würdebärte schlürfen kräftig
Wichtig diskutierte Weine. –
Links im Laden bückt die kleine
Bäckerstochter sich geschäftig.

Zinn blitzt von der Holz-Fassade.
Zeichnungen an allen Wänden,
(Stumm, mit mehlbestaubten Händen
Rückt der Wirt die schiefen gerade.)

Setzte mich so ganz bescheiden hin
Und vergaß auch nicht, sehr laut zu grüßen.
Dennoch ließen Blicke mich leicht büßen,
Dass ich kein Stuttgarter bin.

3

MARKTPLATZ

////////////////////

Früchtebrot knabbern
auf dem Marktplatz

Bunkerhotel, Rathaus und Hutzelmännlein machen den Stuttgarter Marktplatz aus. Abgehend von der Königstraße, führt die Schulstraße, die sogenannte Stuttgarter »Fressgasse«, direkt auf den Platz vor dem Rathaus. Während oberirdisch auf dem Wochenmarkt frische Obst- und Gemüsewaren auspackt werden (wegen Sanierungsarbeiten ist der Wochenmarkt bis 2022 allerdings in die Innenstadt umgezogen), versteckt sich unter dem Pflaster ein Weltkriegsbunker. Nach dem Zweiten Weltkrieg als Bunkerhotel betrieben, ist der 1940 errichtete, auf bis zu 3000 Schutzsuchende ausgelegte Betonbau inzwischen nur in der Museumsnacht zu besichtigen. Zum Ort des literarischen Schaffens auserkoren wurde der unterirdische Marktplatz vom Nachkriegsschriftsteller Wolfgang Koeppen. In den klaustrophobischen Betonwänden des Bunkerhotels logierte der Autor im April und Mai des Jahres 1953, um seinen bedeutenden Roman *Das Treibhaus* zu verfassen.

Oberhalb des Marktplatzes ragt der über 60 Meter hohe Rathausturm – bekannt für sein Glockenspiel – empor. Auf drei Paternostern kann man sich im Inneren des Rathauses freuen. Die nostalgischen Aufzüge sind einige der wenigen, die in Deutschland heute noch öffentlich in Betrieb sind. Philosophische Spuren finden sich hingegen auf der Rathausfassade: In Richtung der Eichstraße ehrt eine steinerne Figur den großen Philosophen Georg Wilhelm Friedrich Hegel, der 1770 in Stuttgart geboren wurde.

Auch der Dichter Eduard Mörike (1804–1875) kannte den Marktplatz gut, schließlich entspringt dort seine Märchennovelle *Das Stuttgarter Hutzelmännlein* (1853). Es beginnt mit einem geheimnisvollen Männlein:

Ein Kobold gut bin ich bekannt
In dieser Stadt und weit im Land;
Meines Handwerks ein Schuster war
Gewiss vor siebenhundert Jahr.
Das Hutzelbrot ich hab' erdacht,
Auch viel seltsame Streich gemacht.

Der Geselle Seppe bekommt von dem wundersamen Männlein ein verlockendes Geschenk: ein fruchtiges Hutzelbrot, das wie von Zauberhand nie ausgeht. Das Wort »Hutzel« bezeichnet getrocknete Früchte, weswegen in der schwäbischen Region das schmackhafte Früchtebrot oder Schnitzbrot mit Birnen und Nüssen als Hutzelbrot bekannt ist. Ob es wohl zu Mörikes Lieblingsspeise zählte? Immerhin verbrachte er sein halbes Leben im Schwabenland.

Mörike, berühmt vor allem durch seine Novelle *Mozart auf der Reise nach Prag* (1855), studierte im nahen Urach und Tübingen Theologie. Zunächst war er Pfarrer, ging jedoch mit Ende 30 aus gesundheitlichen Gründen in Frührente und wandte sich seiner Leidenschaft, der Literatur, zu. Er unterrichtete am Stuttgarter Katharinenstift, erhielt 1852 in Tübingen seine Ehrendoktorwürde und wurde auf dem Stuttgarter Pragfriedhof beigesetzt.

EDUARD MÖRIKE

Das Stuttgarter Hutzelmännlein

»Gott grüß dich, Seppe! Kennst mich nit? Ich bin der Pechschwitzer, das Hutzelmännlein, der Tröster. Ich weiß, du bist ein braves Burgerskind, sorgst immerdar für anderer Leute Fußwerk und gehst doch selbst nicht auf dem besten Zeug. Da du nun morgen reisen willt, so hab ich dir statt einem Wanderpfennig etwas mitgebracht von meiner eignen Arbeit: sind Glücksschuh', zwei Paar, schau her. Die einen legst du an, gleich morgen; sie ziehen sich nach dem Fuß und reißen nicht dein Leben lang; die andern aber nimm und stell sie unterwegs an eine Straße, versteh mich, unbeschrien, wo niemand zusieht. Vielleicht dass dir dein Glück nach Jahr und Tag einmal auf Füßen begegnet. Auch hast du hier noch obendrein etwas zum Naschen, ein Laiblein Hutzelbrot. So viel du davon schneid'st, so viel wachst immer wieder nach im Ranzen oder Kasten, wenn du auch nur ein Ränftlein fingersbreit übrig behältst. Ganz sollt du's nie aufzehren, sonst ist es gar. Behüt dich Gott, und tu in allem, wie ich sagte. Noch eins: Kommst du etwa ins Oberland, Ulm zu und gen Blaubeuren, und findst von ungefähr ein Klötzlein Blei, nimm es zuhanden und bring's mir.« – Der Seppe versprach's und dankte geziemend für alles; das Männlein aber war in einem Hui verschwunden.

Nun jauchzte der Geselle überlaut, beschmeckte bald das Brot, beschaute bald die zwei Paar Schuhe. Sie sahen ziemlich aus, wie er sie selber machte, nur dass sie feine wunderliche Stiche hatten und hübsch mit einem zarten, roten Leder ausgefüttert waren. Er zog sie an, spazierte so ein dutzend Mal die Kammer auf und ab, da ihm denn in der Kürze freilich nichts Besonderes von Glück passieren wollte. Darnach ging er zu Bett und schlief, bis der Morgen rot wurde. Da deucht' es ihn, als wenn ihm jemand klopfte, zwei-, dreimal, recht vernehmlich, dass er jählings erwachte. Die andern hörten's auch, doch schliefen sie gleich wieder ein. Das haben meine vier Rappen getan! dachte er und horchte hin, allein es rührte und regte sich nichts mehr.

Als er nun fix und fertig angezogen stand und gar vergnügt auf seine Füße niedersah, sprach er: »Jetzt laufen wir dem Teufel ein Bein weg! jetzt tausche ich mit keinem Grafen!« – Wohl und gut; nur eine Kleinigkeit hat er versehen: Er hat den einen Schuh von seinem Paar mit dem einen vom andern verwechselt. Ach wer ihm das gesagt hätte!

So schlich er denn leis die Stiege hinunter, die Meistersleute nicht zu wecken; denn Abschied hatte er gestern genommen, und statt der Suppe aß er gleich ein tüchtiges Stück Schnitzbrot in währendem Gehen. So etwas hatte er noch niemals über seinen Mund gebracht, wohl aber oft von seiner Großmutter gehört, dass sie einmal in ihrer Jugend bei einer Nachbarsfrau ein Stücklein vom echten bekommen, und dass es eine Ungüte[1] vom Brot drum sei.

Wie er jetzt vor dem oberen Tor draußen war, zween Bogenschüsse oder drei, kam er an eine Brücke: Da musste er ein wenig niedersitzen, die Türme seiner Vaterstadt, das Grafenschloss, die Häuser und Mauern noch einmal in der Morgensonne besehen; dann, eh er weiterging, fiel ihm noch ein: Hier könnt' ich das Paar Schuh auf den Brückenrand stellen. Er tat's und zog fürbass. – Eine Stunde über die Weinsteig hinaus kommt er in einen grünen Wald. Von ungefähr hört er auf einer Eiche den blauen Montag schreien, welches ein kurzweiliger Vogel ist, der seinen Namen davon hat, dass er immer einen Tag in der Woche mit der Arbeit aussetzt; da singt er nichts als Schelmenlieder und schaut gemächlich zu, wie andere Vögel ihre Nester richten, brüten und ihre Jungen ätzen; die seinigen krepieren ihm auch ordinär, deswegen er ein Raritätsvogel ist. So einen muss ich haben! denkt der Seppe: Ich

1 Unmenge.

24

biet ihn einem großen Herrn an unterwegs. Ein sonderer Vogel ist oft gern zwei Kälber wert, die Hepsisauer[2] haben ihre Kirchweih um einen Guckigauch[3] verkauft: Wenn ich nur einen Taler löse, tut mir's wohl. Wie komm ich nur gleich da hinauf? – Seiner Lebtage hat er nie klettern können, diesmal aber ging's, als hätten ihrer sechs an ihm geschoben, und wie er droben ist, da sieht er sieben Junge flügg', mit blauen Köpfen im Nest! Er streckt schon eine Hand darnach – krach! bricht ein fauler Ast, und drunten liegt der Schuster – dass er nicht Hals und Bein brach, war ein Wunder. »Ich weiß nicht«, sagte er, indem er aufstand und die Platte rieb, »was ich von dem Pechschwitzer denken soll; das ist kein mutiger Anfang!«

Zu seinem Trost zog er sein Schnitzbrot aus dem Ranzen und fand dasselbe wahrlich beinah schon wieder rund und ganz gewachsen. Er sprach dem Laiblein aber im Marschieren so lang zu, bis ihm ganz übel ward, und deuchte ihn, er habe sich für alle Zeit Urdrutz[4] daran gegessen. Sei's drum! ein Sprüchlein sagt: »Es ist nur geschlecket, das nimmer klecket.«

2 Ein Dörfchen in der Nähe von Kirchheim unter Teck.
3 Kuckuck.
4 Überdruss.

BOHNENVIERTEL:
WEINSTUBE BASTA

////////////////////////////////

Der Detektiv geht um – im Basta

Mit einem Glas Grauburgunder lässt es sich am bes-
ten in der Weinstube Basta anstoßen. Das kleine Lokal
in der Wagnerstraße 39 vereint schwäbische Gemütlichkeit mit französischem Charme. Und wenn man
den Blick über die weißen Stofftischdecken und dunklen Holzmöbel schweifen lässt, kann man vielleicht
den Privatdetektiv Georg Dengler auf einem Hocker
an der Bar sitzen sehen. Im Basta vermischt sich nämlich Fiktion und Realität, denn es ist kein Zufall, dass in
allen Krimi-Romanen des Stuttgarter Autors Wolfgang
Schorlau ein kahlköpfiger Kellner auftaucht, den man
eben noch mit eigenen Augen hinter der Bar gesehen
hat. Schorlau hatte zuvor den Basta-Besitzer gefragt,
ob er ihn literarisch zum Leben erwecken dürfe. Dieser
hatte eingewilligt – und ist seitdem fester Bestandteil
der Krimireihe.

Mit *Die blaue Liste* (2005) startete Schorlau seine
erfolgreiche Reihe um den Privatermittler, den es
nach Stuttgart verschlagen hat. Die legendäre Weinstube Basta liegt mitten im sogenannten Bohnenviertel. Wieso das Viertel so heißt? Hier hatten früher vor
allem arme Leute gewohnt, deren Hauptnahrungsmit-
tel Bohnen gewesen waren – und genau diese Pflanzen

hatten die Häuser des Viertels verziert. An etlichen Häuserfassaden konnte man die Bohnenpflanzen girlandenförmig emporwachsen sehen. Heute besticht das Stuttgarter Stadtquartier durch seinen lebhaften kulturellen Charme: Kleine Antiquitätenläden, Ateliers und gemütliche Cafés laden zum Verweilen ein, und beim jährlichen Bohnenviertelfest kann man in den urigen Gassen und Weinstuben anstoßen.

Auch literarisch hat das Quartier einiges zu bieten. Eine Straße weiter, direkt hinter dem Charlottenplatz, liegt in der Kanalstraße in einem denkmalgeschützten Gebäude aus dem 17. Jahrhundert das Schriftstellerhaus. Seit 1984 vergibt es jährlich bis zu vier Stipendien. Bereits über 80 Stipendiatinnen und Stipendiaten, darunter der österreichische Autor Robert Seethaler oder die Schriftstellerin Anne Dorn, haben es sich mit der Zeit in der Dachgeschosswohnung vorübergehend gemütlich gemacht. Auch der Autor Michael Wildenhain hatte sich hier eingenistet und in seinem Roman *Die Erfindung der Null* (2020) das Stipendiatenhaus kurzerhand in ein Nachhilfeinstitut umfunktioniert. Gregor Schattschneider, die Figur aus Matthias Polityckis *Weiberroman* (1997), war dagegen im Kult-Imbiss Brunnenwirt am Leonhardsplatz eingekehrt. Wo wäre es also besser, die ermittelnde Spürnase Dengler heimisch werden zu lassen, als in dieser literarischen Gegend?

Die blaue Liste

Dengler schien es, dass Stuttgart sich des kleinen Viertels schämt, das jenseits der großen mehrspurigen Straße liegt und das durch zwei große Parkhäuser, die wie Sichtblenden wirken, vor dem besseren Teil der Stadt versteckt wird.

Wer die große Hauptstätterstraße beim noblen Kaufhaus Breuninger unterquert, steht auf der anderen Seite im Bohnenviertel auf einem kleinen belebten Platz, auf dem Geschäfte getätigt werden, deren Umsätze hinter denen der vornehmen Boutiquen in der Eberhardstraße nicht zurückstehen. Hier wird jedoch nicht mit edlem Tuch, sondern mit harten Stoffen gehandelt. Ein vorsichtiges Brummen liegt über dem Platz, jederzeit können die Geschäfte abgebrochen werden, sei es durch einen auftauchenden Polizeiwagen oder durch einen plötzlichen Regenguss.

[...]

Dazwischen auf halber Höhe das *Basta*, Bar und Restaurant gleichzeitig.

Es ist leicht zu erkennen an den beiden großen Glasscheiben zur Straße hin, dazwischen die Eingangstür, innen eine Bar aus rotem Holz und ein bis zur halben Höhe getäfelter Speiseraum. Ein paar Quadratmeter Paris mitten in Stuttgart, fand Georg Dengler, als er hier zum ersten Mal einen Grauen Burgunder trank, und sagte das zu der Frau, die neben ihm an der Theke stand. Sie stellte sich als Helga Lehnard vor, als Eigentümerin des *Basta* und des dazugehörigen Hauses. Als sie erfuhr, dass Dengler eine Wohnung in Stuttgart suchte, bot sie ihm die frei gewordene Wohnung im ersten Stock an. Seitdem wohnte er hier.

Auf der Höhe der Bar angekommen, winkte er Helga Lehnard zu, die an einem der Tische vor dem Restaurant saß. Sie unterhielt sich mit einem älteren Mann, den Dengler nicht kannte. Dieser Gast trug eine helle Leinenjacke, die ebenso zerknittert wirkte wie sein Gesicht, und darunter ein schwarzes T-Shirt, über dem er ein ebenfalls schwarzes Baumwollhemd trug. Eine schwarze Stoffhose, in den Hüften etwas füllig geschnitten, nicht neu, aber doch modern. Der Dreitagebart und die ovale Brille, hinter der zwei fröhliche und neugierige Augen glänzten, gaben dem Mann etwas Künstlerisches. Aus seinen Ohren lugte ein freches Büschel grauer Borsten, und auch aus seiner Nase winkten zwei, drei vorwitzige Haare.

Die Vermieterin rief Dengler an den Tisch.

»Ich möchte Ihnen Ihren Nachbarn vorstellen.«

»Das hier«, sie deutete auf den älteren Mann, »ist Martin Klein, der in der Wohnung neben Ihnen wohnt.«

Und zu Klein gewandt sagte sie: »Wie erwähnt, wir haben jetzt einen Polizisten im Haus. Darf ich vorstellen, Georg Dengler.«

»Ein ehemaliger Polizist«, korrigierte Dengler und gab Klein die Hand. Er ging dann aber zur Haustür und stieg durch den schmalen Flur eine Treppe hinauf in seine Wohnung.

Noch immer waren seine drei Räume nicht komplett. Das erste Zimmer sollte sein Büro werden. Den Schreibtisch, bestehend aus zwei Böcken und einer grauen Arbeitsplatte, hatte er vor einigen Tagen bei IKEA gekauft, ebenso einen dunkelblauen Schreibtischstuhl sowie einen Ablageschrank und einen Computertisch. In der hinteren Ecke und vom Schreibtisch leicht zu erreichen, montierte er den kleinen Tresor an die Wand, in dem er seine Waffe aufbewahrte, eine Smith & Wesson 357 Magnum mit einem 4-Zoll-Lauf. Die Pistole lag schon über zwei Jahre unberührt im Tresor, und er würde sie auch nicht ohne zwingenden Grund dort herausholen.

Eine Sitzecke fehlte ihm noch, wo er sich mit Klienten beraten konnte.

Das zweite Zimmer bestand aus noch kaum mehr als seinem schwarzen Metallbett, das er aus Wiesbaden mitgebracht hatte, und einem langen Schanktisch aus Holz, von dem der Verkäufer behauptet hatte, er stamme aus dem 17. Jahrhundert. Dazu passend erwarb er bei dem gleichen Händler sechs unterschiedliche Holzstühle. In der Ecke neben dem Fenster hatte er die Plattform für die Madonna angebracht. In dem kleinen Raum links von seinem Wohn- und Schlafzimmer stapelten sich die noch unausgepackten Umzugskartons. Eine kleine Küche und ein noch kleineres Bad vervollständigten seine neue Wohnung.

////////////////////////////////////

Das Mekka für Rapper

Die Orsons, Cro, Dexter oder Rin sind Aushängeschil-der der heutigen Stuttgarter Hip-Hop-Szene. Doch möchte man wissen, wie die Sache mit dem Rap im Kessel überhaupt angefangen hat, dann spaziert man am besten Richtung Hohe Straße 9, zu einem roten Gebäude, das bei der Entstehung der Stuttgarter Hip-Hop-Kultur in den 1990er Jahren eine bedeutende Rolle gespielt hat: das Jugendhaus Mitte.

Breaker, Sprayer und Rapper aus den verschiedensten Teilen Stuttgarts kamen hier zusammen, besprühten draußen die Wände und spielten am Abend Jams. Hip-Hop in Stuttgart erlebte einen Boom: Die Kolchose, die sich hier formte, bestehend aus Bands wie Freundeskreis und Massive Töne oder dem Rapper Afrob, repräsentierte die Stadt als Mekka des Rap, als Ort der Solidarität und Gemeinschaft.

Dass Stuttgart sich bereits so früh für Hip-Hop begeistert hatte, lag mitunter an den vielen Kasernen außerhalb der Innenstadt. Im Nachtleben traf man auf die amerikanische Hip-Hop-Szene, es gab zahlreiche offene Bühnen, sogenannte Open-Mic-Sessions, und in den Clubs wurde live gerappt. Es gab sogar eine Rollschuhfahrerszene am Kleinen Schlossplatz sowie amerikanische Plattenläden, die in Restdeutschland in dieser Form nicht existierten.

Doch über was rappte man damals als Hip-Hop-Fan eigentlich? Soziale Brennpunkte wie den Stadtteil Hallschlag gab es zwar, aber von richtigen Ghettos wie der Bronx oder Harlem konnte nicht die Rede sein. Hauptsächlich ging es also um die Stadt, um Musik und die Politik. Die oberste Maxime: *Stay true to who you are and don't ever forget.*

»Mutterstadt«, ein Song, der 1996 auf dem Debüt-Album *Kopfnicker* der 1991 in Stuttgart gegründeten Band Massive Töne erschien, kann heute zu Recht als *die* Stuttgart-Hymne bezeichnet werden. Vermutlich kann sie jede oder jeder Zweite im Kessel ein bisschen mitrappen. Ein Track, der die Identität einer Stadt und einer ganzen Generation widerspiegelt.

MASSIVE TÖNE

Mutterstadt

Willkommen in der Mutterstadt, der Motorstadt
          am Neckar
Mekka für Rapper, zu viele meckern. Ich hass' den
          Banker
Der beim Keplerstrassen-Checker 'n Päckchen Gras sucht
Abends gediegen in Paul's Boutique mit dem Sektglas
          groovt

Und sagt, dass er seine Stadt eigentlich gar nicht mag.
                    Er kenne Wien
Kenne Prag und müsse endlich fliehen und nach
                    Berlin ziehen.
Stuttgart sei für ihn nur kulturelles Brachland.
(Brachland? Haste noch alle Tassen im Schrank?)
Ich mach' meinen Urlaub hier, nicht mit der LTU, ich setz'
Mich in die U sechs bis zum Schlossplatz, hol' mir beim
                    Udo Snacks
Oder Falafel, beim Vegi Voodoo schmeckt's
Dazu Stuttgarter Hofbräu, mein Homie Max trinkt Becks.
Nachts bei klarem Wetter fahr' ich mit meinem VW Jetta
Rechts über den Killesberg und bleibe stehen
Um ein bisschen mehr von meiner Stadt im Lichtermeer
                    zu sehen
Vergesse Stresser, die mich blähen, bei Jeep Beats
                    von den Krähen.
Zum chillen und grillen auf Barbecues, nicht auf's
                    Weinfest
Ich kauf' mein schwarzes Gold second hand im Vinyl
                    West
Oder bei Freddys Record Store direkt aus Übersee
Bevor ich zum Thomilla rübergeh'
Um abzuhängen in relaxter Atmosphäre
Hör' die begehrte Ware, von der ich mich fast bloß ernähre.
Es fiel' mir schwer, wenn ich woanders wär'
Denn nur hier kann ich sein, wie ich bin.

Eins für den Rap, zwei für die Bewegung
Von klein auf geprägt durch die Umgebung
Es ist nicht, wo Du bist, es ist, was Du machst
Herzlich willkommen in der Mutterstadt!
Eins für den Rap, zwei für die Bewegung
Von klein auf geprägt durch die Umgebung
Es ist nicht, wo Du bist, es ist, was Du machst
Herzlich willkommen in der Mutterstadt!

Stuttgart Pfaffenäcker meldet sich zu Wort.
Es ist der Platz, es ist der Geist, es ist der Ort.
Check Up! Ihr wollt nun wissen, wie wir rocken
        in der Stadt der Wälder und Täler
Geld und Autos und den CDU-Wählern.
Der Kessel brodelt, alles ist so heiß,
Weil man weiß, was man gibt, wenn man sieht,
        wie manch einer flippt.
Es funktionieren die Ideen
Die sich auszahlen, wenn wir eine Einflussrunde drehen,
        um die Stadt zu sehen.
Ich lieb' die Plätze, die ich kenne
Meine Jungs, die ich auch Brüder nenne und sie als
        Krieger kenne.
Sonst gibt es keine, ich mach' Dir Beine
Beim kicken und wenn ich reime. Kopfnicker-Mentalität
        ist das, was ich meine.

Steig' in den gelben Blitz, ich zeig' Dir meine Stadt
Den Wilhelm-Geiger-Platz und die ganzen Kids.
Sixsteps, Ninety-Nines und Headspin-Caps
Und ausgerollte PVC-Beläge auf den Gehwegen.
Die Bahnbullen knipsen die Pieces den ganzen Tag lang.
(Wo denn?) Klar doch, die Line entlang von Marbach
        bis Backnang.
Doch vorher stehen sie am Feuersee und sehen (was?)
Die vollgebombten S-Bahnen, wie sie nach Stuttgart
        West fahren
Während wir Beats programmieren bis egal wieviel Uhr.
Mein Nachbar im Unterhemd hämmert immer gegen
        die Tür.
Wir jagen die Kicks durch Kompressoren
Legen die Stimmen auf Bandmaschinen mit acht Spuren.
Nachts touren wir vom Bopser bis zum Bismarckturm
Beäugen die Aussicht, bis der neue Morgen aufbricht.
Fahren raus Richtung Paulinenbrücke zum Emil oder
        halten mal
Und chillen beim Phillippe in Kaltental.
Meine Homies ständig um mich hinter und neben mir
Wir wuchsen auf im gleichen Jugendhaus und leben hier.
Es gab bei weitem viel Meinungsverschiedenheiten
        und Streit
Den wir hatten, doch das ist Vergangenheit.
Wiederholung Refrain

6

HOPPENLAUFRIEDHOF

///

Es war einmal ...

Zwischen dem Universitätscampus Mitte, der Lieder-
halle und dem Literaturhaus, das seit 2001 hochka-
rätige Autorinnen und Autoren auf die Bühne bringt,
liegt fast vergessen ein kleiner Friedhof: der Hoppenlaufriedhof. Wilde Efeuranken und moosbewachsene
Grabsteine laden zu einem gemütlichen Spaziergang
über Stuttgarts ältesten noch erhaltenen, aber leicht
zu übersehenden Friedhof ein, der zudem als der erste
jüdische Friedhof Baden-Württembergs bekannt wurde, der zu einem Stadtfriedhof dazugehörte. Einige
steinerne Grabmäler sind so alt und verwittert, dass
die darauf befindlichen Inschriften nicht mehr gut
oder gar nicht zu erkennen sind.

Bereits seit dem 17. Jahrhundert existiert der kleine
Friedhof, wobei die letzte Urnenbeisetzung 1951 statt-
fand. Mittlerweile ist der Friedhof ein ruhiger Platz
inmitten der befahrenen Innenstadt. Doch manch ein
Stuttgarter benutzt die schmalen Durchgangspfade
vor allem praktisch, um von der Höhenlage Stuttgart
Nord hinunter in die Stadt zu gelangen. Dabei verbirgt
sich zwischen den alten Grabsteinen so manch eine
Überraschung, denn der Friedhof ist nicht nur ein Ort
der Trauer, sondern auch ein literarischer Erinnerungs-
ort. So ruht hier der Schriftsteller Gustav Schwab,

Verfasser der Sagen des klassischen Altertums, der zur Schwäbischen Dichterschule gehörte. Und ebenso fand hier der Verleger Johann Friedrich Cotta, nach dem der Stuttgarter Cotta-Literatur- und Übersetzerpreis benannt ist, seine letzte Ruhestätte.

Streift man durch die Grabreihen, kommt man zudem an einem ganz großen Märchenerzähler vorbei: Wilhelm Hauff (1802–1827), dem vielseitigen Dichter und Erzähler der Romantik. Der gebürtige Stuttgarter wuchs im nahegelegenen Tübingen auf, verstarb aber im jungen Alter von 25 Jahren. Er hinterließ eine beachtliche Märchensammlung: *Die Geschichte vom kleinen Muck* (1825), *Die Geschichte von Kalif Storch* (1825) und *Das kalte Herz* (1827) haben Kindheiten geprägt und Phantasien beflügelt. Und nicht zu vergessen sein berühmtes Märchen *Zwerg Nase*. In der Geschichte aus seinem *Märchen-Almanach auf das Jahr 1827* wird der Junge Jakob, der seinen Eltern auf dem Markt hilft, von einer bösen Hexe verzaubert. Fortan muss er mit einer übergroßen Nase und gemeinsam mit Eichhörnchen und Meerschweinchen der Kräuterhexe dienen. Nach sieben Jahren – Jakob ist inzwischen ein Meister am Herd und zu einem begnadeten Koch geworden – kann er die Hexe verlassen. Die folgende Passage erzählt von seiner verzweifelten Rückkehr zu seinen Eltern, die ihren verwandelten Sohn aber leider nicht wiedererkennen.

WILHELM HAUFF

Zwerg Nase

Es war ein ziemlich entlegener Teil der Stadt, wohin ihn die Alte geführt hatte, und er konnte sich kaum aus den engen Gassen herausfinden, auch war dort ein großes Gedränge; denn es musste sich, wie ihm dünkte, gerade in der Nähe ein Zwerg sehen lassen; überall hörte er rufen: »Ei, sehet den hässlichen Zwerg! Wo kommt der Zwerg her? Ei, was hat er doch für eine lange Nase, und wie ihm der Kopf in den Schultern steckt, und die braunen, hässlichen Hände!« Zu einer andern Zeit wäre er wohl auch nachgelaufen, denn er sah für sein Leben gern Riesen oder Zwerge, oder seltsame, fremde Trachten, aber so musste er sich sputen, um zur Mutter zu kommen.

Es war ihm ganz ängstlich zumut, als er auf den Markt kam. Die Mutter saß noch da und hatte noch ziemlich viele Früchte im Korb, lange konnte er also nicht geschlafen haben, aber doch kam es ihm von weitem schon vor, als sei sie sehr traurig; denn sie rief die Vorübergehenden nicht an, einzukaufen, sondern hatte den Kopf in die Hand gestützt, und als er näher kam, glaubte er auch, sie sei bleicher als sonst. Er zauderte, was er tun sollte; endlich fasste er sich ein Herz, schlich sich hinter sie hin, legte traulich seine Hand auf ihren Arm und sprach: »Mütterchen, was fehlt dir? Bist du böse auf mich?«

Die Frau wandte sich um nach ihm, fuhr aber mit einem Schrei des Entsetzens zurück: »Was willst du von mir, hässlicher Zwerg!«, rief sie, »fort, fort! Ich kann dergleichen Possenspiel nicht leiden.«

»Aber Mutter, was hast du denn?«, fragte Jakob ganz erschrocken, »dir ist gewiss nicht wohl; warum willst du denn deinen Sohn von dir jagen?«

»Ich habe dir schon gesagt, gehe deines Weges!«, entgegnete Frau Hanne zürnend. »Bei mir verdienst du kein Geld durch deine Gaukeleien, hässliche Missgeburt.«

»Wahrhaftig, Gott hat ihr das Licht des Verstandes geraubt«, sprach der Kleine bekümmert zu sich, »was fange ich nur an, um sie nach Haus zu bringen? Lieb Mütterchen, so sei doch nur vernünftig; sieh mich doch nur recht an; ich bin ja dein Sohn, dein Jakob.«

»Nein, jetzt wird mir der Spaß zu unverschämt«, rief Hanne ihrer Nachbarin zu, »seht nur den hässlichen Zwerg da, da steht er und vertreibt mir gewiss alle Käufer, und mit meinem Unglück wagt er zu spotten. Spricht zu mir: Ich bin ja dein Sohn, dein Jakob, der Unverschämte!«

Da erhoben sich die Nachbarinnen und fingen an zu schimpfen, so arg sie konnten, und Marktweiber, wisset ihr wohl, verstehen es, und schalten ihn, dass er des Unglückes der armen Hanne spotte, der vor sieben Jahren ihr bildschöner Knabe gestohlen worden sei, und drohten insgesamt über ihn herzufallen und ihn zu zerkratzen, wenn er nicht alsobald ginge.

Der arme Jakob wusste nicht, was er von diesem allem denken sollte. War er doch, wie er glaubte, heute frühe, wie gewöhnlich, mit der Mutter auf den Markt gegangen, hatte ihr die Früchte aufstellen helfen, war nachher mit dem alten Weib in ihr Haus gekommen, hatte ein Süppchen verzehrt, ein kleines Schläfchen gemacht, und war jetzt wieder da; und doch sprachen die Mutter und die Nachbarinnen von sieben Jahren! Und sie nannten ihn einen garstigen Zwerg! Was war denn nun mit ihm vorgegangen? – Als er sah, dass die Mutter gar nichts mehr von ihm hören wollte, traten ihm die Tränen in die Augen, und er ging traurend die Straße hinab nach der Bude, wo sein Vater den Tag über Schuhe flickte. »Ich will doch sehen«, dachte er bei sich, »ob er mich auch nicht kennen will; unter die Türe will ich mich stellen und mit ihm sprechen.« Als er an der Bude des Schusters angekommen war, stellte er sich unter die Türe und schaute hinein. Der Meister war so emsig mit seiner Arbeit beschäftigt, dass er ihn gar nicht sah; als er aber einmal zufällig einen Blick nach der Türe warf, ließ er Schuhe, Draht und Pfriem auf die Erde fallen und rief mit Entsetzen: »Um Gottes willen, was ist das, was ist das!«

»Guten Abend, Meister!«, sprach der Kleine, indem er vollends in den Laden trat, »wie geht es Euch?«

»Schlecht, schlecht, kleiner Herr!«, antwortete der Vater zu Jakobs großer Verwunderung; denn er schien ihn auch nicht zu kennen. »Das Geschäft will mir nicht recht von der Hand. Bin so allein und werde jetzt alt, und doch ist mir ein Geselle zu teuer.«

»Aber habt Ihr denn kein Söhnlein, das Euch nach und nach an die Hand gehen könnte bei der Arbeit?«, forschte der Kleine weiter.

»Ich hatte einen, er hieß Jakob, und müsste jetzt ein schlanker, gewandter Bursche von zwanzig Jahren sein, der mir tüchtig unter die Arme greifen könnte. Ha! Das müsste ein Leben sein; schon als er zwölf Jahre alt war, zeigte er sich so anstellig und geschickt, und verstand schon manches vom Handwerk, und hübsch und angenehm war er auch, der hätte mir eine Kundschaft hergelockt, dass ich bald nicht mehr geflickt, sondern nichts als Neues geliefert hätte! Aber so geht's in der Welt.«

»Wo ist denn aber Euer Sohn?«, fragte Jakob mit zitternder Stimme seinen Vater.

»Das weiß Gott«, antwortete er, »vor sieben Jahren, ja so lange ist's jetzt her, wurde er uns vom Markt weg gestohlen.«

»Vor *sieben Jahren*?!«, rief Jakob mit Entsetzen.

»Ja, kleiner Herr, vor sieben Jahren; ich weiß noch wie heute, wie mein Weib nach Hause kam, heulend und schreiend, das Kind sei den ganzen Tag nicht zurückgekommen, sie habe überall geforscht und gesucht und es nicht gefunden. Ich habe es immer gedacht und gesagt, dass es so kommen würde, der Jakob war ein schönes Kind, das muss man sagen, da war nun meine Frau stolz auf ihn, und sah es gerne, wenn ihn die Leute lobten, und schickte ihn oft mit Gemüse und dergleichen in vornehme Häuser. Das war schon recht; er wurde allemal reichlich beschenkt; aber, sagte ich, gib acht! Die Stadt ist groß; viele schlechte Leute wohnen da, gib mir auf den Jakob acht! Und so war es, wie ich sagte. Kommt einmal ein altes, hässliches Weib auf den Markt, feilscht um Früchte und Gemüse, und kauft am Ende so viel, dass sie es nicht selbst tragen kann. Mein Weib, die mitleidige Seele, gibt ihr den Jungen mit und – hat ihn zur Stunde nicht mehr gesehen.«

»Und das ist jetzt sieben Jahre, sagt Ihr?«

»Sieben Jahre wird es im Frühling. Wir ließen ihn ausrufen, wir gingen von Haus zu Haus und fragten; manche hatten den hübschen Jungen gekannt und liebgewonnen und suchten jetzt mit uns, alles vergeblich. Auch die Frau, welche das Gemüse gekauft hatte, wollte niemand kennen; aber ein steinaltes Weib, die schon neunzig Jahre gelebt hatte, sagte, es könne wohl die böse Fee Kräuterweis gewesen sein, die alle fünfzig Jahre einmal in die Stadt komme, um sich allerlei einzukaufen.«

So sprach Jakobs Vater und klopfte dabei seine Schuhe weidlich und zog den Draht mit beiden Fäusten weit hinaus. Dem Kleinen aber wurde es nach und nach klar, was mit ihm vorgegangen, dass er nämlich nicht geträumt, sondern dass er sieben Jahre bei der bösen Fee als Eichhörnchen gedient habe. Zorn und Gram erfüllte sein Herz so sehr, dass es beinahe zersprengen wollte. Sieben Jahre seiner Jugend hatte ihm die Alte gestohlen, und was hatte er für Ersatz dafür? Dass er Pantoffel von Kokosnüssen blankputzen, dass er ein Zimmer mit gläsernem Fußboden rein machen konnte? Dass er von den Meerschweinchen alle Geheimnisse der Küche gelernt hatte? Er stand eine gute Weile so da und dachte über sein Schicksal nach, da fragte ihn endlich sein Vater: »Ist Euch vielleicht etwas von meiner Arbeit gefällig, junger Herr? Etwa ein Paar neue Pantoffel, oder«, setzte er lächelnd hinzu, »vielleicht ein Futteral für Eure Nase?«

»Was wollt Ihr nur mit meiner Nase?«, sagte Jakob, »warum sollte ich denn ein Futteral dazu brauchen?«

»Nun«, entgegnete der Schuster, »jeder nach seinem Geschmack; aber das muss ich Euch sagen, hätte *ich* diese schreckliche Nase, ein Futteral ließ ich mir darüber machen von rosenfarbigem Glanzleder. Schaut, da habe ich ein schönes Stückchen zur Hand; freilich würde man eine Elle wenigstens dazu brauchen. Aber wie gut wäret Ihr verwahrt, kleiner Herr; so, weiß ich gewiss, stoßt Ihr Euch an jedem Türpfosten, an jedem Wagen, dem Ihr ausweichen wollet.«

Der Kleine stand stumm vor Schrecken; er betastete seine Nase, sie war dick und wohl zwei Hände lang! So hatte also die Alte auch seine Gestalt verwandelt! Darum kannte ihn also die Mutter nicht? Darum schalt man ihn einen hässlichen Zwerg?! »Meister!«, sprach er halb weinend zu dem Schuster, »habt Ihr keinen Spiegel bei der Hand, worin ich mich beschauen könnte?«

»Junger Herr«, erwiderte der Vater mit Ernst, »Ihr habt nicht gerade eine Gestalt empfangen, die Euch eitel machen könnte, und Ihr habt nicht Ursache, alle Stunden in den Spiegel zu gucken. Gewöhnt es Euch ab, es ist besonders bei Euch eine lächerliche Gewohnheit.«

»Ach, so lasst mich doch in den Spiegel schauen«, rief der Kleine, »gewiss, es ist nicht aus Eitelkeit!«

»Lasset mich in Ruhe, ich hab keinen im Vermögen; meine Frau hat ein Spiegelchen, ich weiß aber nicht, wo sie es verborgen. Müsst Ihr aber durchaus in den Spiegel gucken, nun, über der Straße hin wohnt Urban, der Barbier, der hat einen Spiegel, zweimal so groß als Euer Kopf; gucket dort hinein, und indessen guten Morgen.«

Mit diesen Worten schob ihn der Vater ganz gelinde zur Bude hinaus, schloss die Türe hinter ihm zu und setzte sich wieder zur Arbeit.

7

HÖLDERLINPLATZ

/////////////////////////////////

Der große Dichter über die Stadt

Nach einer Kurve kommt die Stadtbahn zum Halten.
Endstation. Rechts und links umgeben einen nun die
charakteristischen Bürgerhäuser. Ein Stück städtische
Idylle im oberen Westen, das ist der Hölderlinplatz.
Hier schießen kleine Shopping-Läden, französische
Restaurants, Bäckereien und Foodsharing-Cafés aus
dem Beton und laden zu Genuss und Gemütlichkeit
ein. Mittendrin: die Hölderlin-Säule. 2004 errichtet,
erinnert sie ausgestattet mit Zitaten, der Biographie
und der Handschrift Hölderlins an den großen Dichter.
Friedrich Hölderlin (1770–1843) wohnte von Juni
1800 bis Januar 1801 in der Stadt und arbeitete während seines Aufenthaltes intensiv an seinen Gedichten
(beispielsweise an der Elegie »Der Gang aufs Land« sowie an seinen Gedichten »Rückkehr in die Heimat« und
»Stuttgart«). Sein Aufenthalt im Kessel kann dabei als
Höhepunkt seiner Odendichtung angesehen werden.
Er wohnte im Haus seines Freundes Christian
Landauer, dessen Kinder er unterrichtete. Das Haus
Landauers lag an der Ecke Königstraße 48 / Gymna-
siumstraße 1 und musste inzwischen einem Neubau-
komplex weichen. Oft zu Besuch war Hölderlin auch
im Alten Waisenhaus, in dem sein Tübinger Freund
Christian Ludwig Neuffer arbeitete und das heute

noch am Charlottenplatz mit seiner ungewöhnlichen Viereckform ins Auge fällt. Durch Neuffer lernte der Dichter seinen Entdecker Gotthold Stäudlin kennen, der den jungen Hölderlin förderte und zur Publikation verhalf. Doch auch nach seinem sechsmonatigen Stuttgart-Aufenthalt konnte man den Dichter häufig in der Stadt treffen, sei es zum Einkaufen, zu Besuch bei Freunden oder zum Abendessen im damaligen Hotel Römischer Kaiser am Rotebühlplatz.

Neben dem Hölderlinplatz erinnert auch das Hölderlin-Archiv der Württembergischen Landesbibliothek an den großen Denker: Für interessierte Leserinnen und Leser sowie die internationale Hölderlin-Forschung ist das Archiv eine zentrale Arbeits- und Auskunftsstelle. Gleichzeitig ist es der Entstehungsort der Stuttgarter Hölderlin-Ausgabe – bis in die 1970er hinein die zentrale Gesamtausgabe seines Werkes.

FRIEDRICH HÖLDERLIN

Stuttgart

An Siegfried Schmidt

1

Wieder ein Glück ist erlebt. Die gefährliche Dürre
geneset,
Und die Schärfe des Lichts senget die Blüte nicht mehr.
Offen steht jetzt wieder ein Saal, und gesund ist der Garten,
Und von Regen erfrischt rauschet das glänzende Tal,

Hoch von Gewächsen, es schwellen die Bäch und alle
gebundnen
Fittige wagen sich wieder ins Reich des Gesangs.
Voll ist die Luft von Fröhlichen jetzt und die Stadt und
der Hain ist
Rings von zufriedenen Kindern des Himmels erfüllt.
Gerne begegnen sie sich, und irren untereinander,
Sorgenlos, und es scheint keines zu wenig, zu viel.
Denn so ordnet das Herz es an, und zu atmen die Anmut,
Sie, die geschickliche, schenkt ihnen ein göttlicher Geist.
Aber die Wanderer auch sind wohlgeleitet und haben
Kränze genug und Gesang, haben den heiligen Stab
Vollgeschmückt mit Trauben und Laub bei sich und
der Fichte
Schatten; von Dorfe zu Dorf jauchzt es,
von Tage zu Tag,
Und wie Wagen, bespannt mit freiem Wilde,
so ziehn die
Berge voran und so träget und eilet der Pfad.

2

Aber meinest du nun, es haben die Tore vergebens
Aufgetan und den Weg freudig die Götter gemacht?
Und es schenken umsonst zu des Gastmahls Fülle die
Guten
Nebst dem Weine noch auch Beeren und Honig
und Obst?

Schenken das purpurne Licht zu Festgesängen und
        kühl und
  Ruhig zu tieferem Freundesgespräche die Nacht?
Hält ein Ernsteres dich, so spar's dem Winter und
        willst du
  Freien, habe Geduld, Freier beglücket der Mai.
Jetzt ist Anderes not, jetzt komm und feire des Herbstes
  Alte Sitte, noch jetzt blühet die Edle mit uns.
Eins nur gilt für den Tag, das Vaterland und des Opfers
  Festlicher Flamme wirft jeder sein Eigenes zu.
Darum kränzt der gemeinsame Gott umsäuselnd
        das Haar uns,
  Und den eigenen Sinn schmelzet, wie Perlen, der Wein.
Dies bedeutet der Tisch, der geehrte, wenn,
        wie die Bienen,
  Rund um den Eichbaum, wir sitzen und singen um ihn,
Dies der Pokale Klang, und darum zwinget die wilden
  Seelen der streitenden Männer zusammen der Chor.

3

Aber damit uns nicht, gleich Allzuklugen, entfliehe
  Diese neigende Zeit, komm ich entgegen sogleich,
Bis an die Grenze des Lands, wo mir den lieben Geburtsort
  Und die Insel des Stroms blaues Gewässer umfließt.
Heilig ist mir der Ort, an beiden Ufern, der Fels auch,
  Der mit Garten und Haus grün aus den Wellen sich
        hebt.

Dort begegnen wir uns; o gütiges Licht! wo zuerst mich
   Deiner gefühlteren Strahlen mich einer betraf.
Dort begann und beginnt das liebe Leben von neuem;
   Aber des Vaters Grab seh ich und weine dir schon?
Wein' und halt' und habe den Freund und höre
        das Wort, das
   Einst mir in himmlischer Kunst Leiden der Liebe geheilt.
Andres erwacht! ich muss die Landesheroen ihm nennen,
   Barbarossa! dich auch, gütiger Christoph, und dich,
Konradin! wie du fielst, so fallen Starke, der Efeu
   Grünt am Fels und die Burg deckt das bacchantische
        Laub,
Doch Vergangenes ist, wie Künftiges heilig den Sängern,
   Und in Tagen des Herbsts sühnen die Schatten wir uns.

4

So der Gewalt'gen gedenk und des herzerhebenden
        Schicksals,
   Tatlos selber, und leicht, aber vom Äther doch auch
Angeschauet und fromm, wie die Alten, die
        göttlicherzognen
   Freudigen Dichter ziehn freudig das Land wir hinauf.
Groß ist das Werden umher. Dort von den äußersten
        Bergen
   Stammen der Jünglinge viel, steigen die Hügel herab.
Quellen rauschen von dort und hundert geschäftige Bäche,
   Kommen bei Tag und Nacht nieder und bauen das Land.

Aber der Meister pflügt die Mitte des Landes,
       die Furchen
   Ziehet der Neckarstrom, ziehet den Segen herab.
Und es kommen mit ihm Italiens Lüfte, die See schickt
   Ihre Wolken, sie schickt prächtige Sonnen mit ihm.
Darum wächset uns auch fast über das Haupt die
       gewalt'ge
   Fülle, denn hieher ward, hier in die Ebne das Gut
Reicher den Lieben gebracht, den Landesleuten, doch
       neidet
   Keiner an Bergen dort ihnen die Gärten, den Wein
Oder das üppige Gras und das Korn und die glühenden
       Bäume,
   Die am Wege gereiht über den Wanderern stehn.

5

Aber indes wir schaun und die mächtige Freude
       durchwandeln,
   Fliehet der Weg und der Tag uns, wie den Trunkenen,
       hin.
Denn mit heiligem Laub umkränzt erhebet die Stadt
       schon
   Die gepriesene, dort leuchtend ihr priesterlich
       Haupt.
Herrlich steht sie und hält den Rebenstab und
       die Tanne
   Hoch in die seligen purpurnen Wolken empor.

Sei uns hold! dem Gast und dem Sohn, o Fürstin der
Heimat!
Glückliches Stuttgart, nimm freundlich den Fremdling
mir auf!
Immer hast du Gesang mit Flöten und Saiten gebilligt,
Wie ich glaub und des Lieds kindlich Geschwätz und
der Mühn
Süße Vergessenheit bei gegenwärtigem Geiste,
Drum erfreuest du auch gerne den Sängern das Herz.
Aber ihr, ihr Größeren auch, ihr Frohen, die allzeit
Leben und walten, erkannt, oder gewaltiger auch,
Wenn ihr wirket und schafft in heiliger Nacht und allein
herrscht
Und allmächtig empor ziehet ein ahnendes Volk,
Bis die Jünglinge sich der Väter droben erinnern,
Mündig und hell vor euch steht der besonnene
Mensch –

6

Engel des Vaterlands! o ihr, vor denen das Auge,
Sei's auch stark und das Knie bricht dem vereinzelten
Mann,
Dass er halten sich muss an die Freund und bitten die
Teuern,
Dass sie tragen mit ihm all die beglückende Last,
Habt, o Gütige, Dank für den und alle die Andern,
Die mein Leben, mein Gut unter den Sterblichen sind.

Aber die Nacht kommt! lass uns eilen, zu feiern das
          Herbstfest
     Heut noch! voll ist das Herz, aber das Leben ist kurz,
Und was uns der himmlische Tag zu sagen geboten,
     Das zu nennen, mein Schmidt! reichen wir
               beide nicht aus.
Treffliche bring ich dir und das Freudenfeuer
          wird hoch auf
     Schlagen und heiliger soll sprechen das kühnere Wort.
Siehe! da ist es rein! und des Gottes freundliche Gaben,
     Die wir teilen, sie sind zwischen den Liebenden nur.
Anderes nicht – o kommt! o macht es wahr! denn allein ja
     Bin ich und niemand nimmt mir von der Stirne
               den Traum?
Kommt und reicht, ihr Lieben, die Hand! das möge
          genug sein,
     Aber die größere Lust sparen dem Enkel wir auf.

8

SCHOKOLADENFABRIK WALDBAUR
ROTEBÜHLSTRASSE 83

Der Duft von Schokolade

Zu den beliebtesten Plätzen in Stuttgart zählt definitiv der Feuersee. Der See existiert bereits seit dem 18. Jahrhundert und wurde zunächst als Wasserreservoir für die Stadt errichtet. 1865 kam die Johanneskirche hinzu, die an drei Seiten vom See umschlossen wird. Nach dem Zweiten Weltkrieg fehlte das Geld, um die stark zerstörte Kirche wiederaufzubauen. Das Gewölbe im Kirchenschiff und die Turmspitze blieben, wie sie waren, und sind inzwischen ein Mahnmal gegen den Krieg. Heute sitzen Jung und Alt auf den Bänken sowie Stufen und funktionieren den Platz um Kirche und See zum persönlichen Wohnzimmer um – vor allem an lauen, endlos langen Sommerabenden.

Was dabei oft in Vergessenheit gerät: Direkt gegenüber in der Rotebühlstraße 83 befindet sich das steinerne Eingangsportal des Hauptgebäudes einer ehemaligen Schokoladenfabrik. Zu sehen sind hier neben dem Firmennamen ein Wappen sowie drei Ws. Sie stehen für: Wir wollen Waldbaur. Denn wer kennt und liebt sie nicht, die Waldbaur-Katzenzungen? Zusammen mit den Stuttgarter Firmen Eszet, Ritter Sport und Moser-Roth brachte Waldbaur der Stadt lange Zeit den Ruf als Hochburg der Schokoladenindustrie ein.

Die Firma wurde 1828 von den Brüdern Franz und Gustav Waldbaur gegründet und über zwei Generationen hinweg von der Familie geführt. Über 700 Mitarbeiterinnen und Mitarbeiter waren bis zuletzt in den 1970er Jahren angestellt, doch 1977 musste die Firma aufgrund einer weltweiten Überproduktion an Schokolade die Maschinen ausschalten. Heute erinnert allein das Unternehmen Ritter Sport, das 1912 in Bad Cannstatt gegründet wurde und mittlerweile den Sitz im baden-württembergischen Waldenbuch hat, an die süße Epoche.

Und was hat das alles mit Literatur zu tun? Der Schriftsteller Wilhelm Raabe (1831–1910), der von 1862 bis 1870 in Stuttgart lebte und arbeitete, zog 1864 in den dritten Stock der Hermannstraße 11, ein weiteres Gebäude des Waldbaur-Areals, das sich zwischen Rotebühl- und Augustenstraße beziehungsweise Hermann- und Senefelderstraße erstreckt. Zusammen mit seiner Frau Bertha lebte er dort sechs Jahre. Für seine Erzählung *Fabian und Sebastian* (1882) soll Stuttgart Vorbild gewesen sein – oder wie ließe sich sonst das Vorkommen der Schokoladenfabrik *Pelzmann und Kompanie* erklären, das wie die Firma Waldbaur von zwei Brüdern geführt wird? Die bittersüße Geschichte – wie Raabe sie selbst genannt hat und deren Beginn nachfolgend zu lesen ist – legt ein lange zurückliegendes Verbrechen offen, das die Familienverhältnisse der Pelzmanns bedeutend prägen sollte.

Fabian und Sebastian

Wenn es allein auf die äußeren Umstände oder, was man so den Zubehör nennt, ankäme, so wäre dieses eines von den hellsten Büchern in dieser Welt und würde wie ein buntfarbigster Lichtblitz über den dunkeln Ozean von Druckerschwärze fallen, der jedes Leben jetzt doch ohne alle Frage mehr oder weniger umflutet, wenn er es nicht gar ganz überschwemmt. Und welch ein süß begehrens- und lesenswert Buch würde dies werden können, wenn wir es nur für die jungen Kinder in dieser Welt zu schreiben hätten! Da ist kein Sack, welchen der gute Knecht Rupert, der Pelzmärtel und Weihnachtsmann mit sich schleppen kann, so groß und umfangreich, dass er ihn nicht unter dem Dache, unter welches wir jetzt die alten Kinder dieser Erde zu führen gedenken, bis zum Rande vollstopfen könnte mit allen Wundern in Zucker für die Feier jener Nacht, in der einmal der Ruf erklang: Friede auf Erden und den Menschen ein Wohlgefallen!

Pelzmann und Kompanie klingt heimlich und warm genug, die Firma steht aber nicht so angeschrieben in goldenen Lettern über dem Eingangstor des Geschäftes, denn sie hat's wirklich nicht nötig. Wenn sich je eine Fabrik eine gute Stätte auf den Zungen der Unmündigen, im Munde der Mündigen zubereitet hatte, so war es diese. Tausende und aber

Tausende von leckenden, schmatzenden, zuckerschaum- und schokoladebekrusteten Kindermäulchen verkünden und verbreiten seit mehreren Menschenaltern ihr Lob und ihren Preis; doch, wie gesagt, nicht allein die Kleinen, sondern auch die Großen halten viel von Pelzmann und Kompanie, sowohl an der Börse wie an den Frühstückstischen. Fassen wir uns kurz, so bedeuten die Worte Pelzmann und Kompanie eine der größesten und wohlberüchtigtsten Schokoladen- und Konfitürenfabriken Deutschlands.

Was nun die Kompanie anbetrifft, die auch heute noch an den Namen der Inhaber der Firma hängt, so hat sie freilich nicht das Geringste mehr zu bedeuten. Ein sicherer Herr J.J. Doppelmeier gab vor langen Jahren zum Beginn des Geschäftes weniger seine Tätigkeit und sein kaufmännisches Wissen als ein nicht unbeträchtliches Kapital her. Doch beide, sowohl der stille Kompagnon wie das lautklingende Kapital, sind längst, längst in den Büchern gestrichen, und gegenwärtig –

Doch das wird sich ja nun finden oder besser, die Leser werden allgemach selber herausfinden, wer *gegenwärtig* Pelzmann und Kompanie sind!

Von sehr süßen Sachen könnte die Rede sein, und an einem lieblichen Trost durch das Ganze hin und an ein paar beruhigenden Worten, und zwar aus einem Kindermunde zum Schluss soll's auch nicht fehlen; aber vor einem sauersüßen Anfang stehen wir und können nichts dafür – wie immer.

Am dreizehnten Februar feiern heuer die Oldenburger und die Meininger ihren Bußtag, am siebenundzwanzigsten desselbigen Monats die aus dem Königreiche Sachsen. Am sechsundzwanzigsten März begehen ihn Sachsen-Altenburg, Gotha und Hannover, am einundzwanzigsten April die Preußen und die Hamburger, am zweiundzwanzigsten September die Bremer oder Bremenser und am zwanzigsten Oktober die Hannoveraner zum zweiten Mal. Am sechzehnten November sitzen die Braunschweiger im Sack und in der Aschen, am neunzehnten desselbigen Mondes setzen sich die Sachsen ebenfalls zum zweiten Mal hinein und sicherlich nicht, ohne ihre Gründe zu haben. Am dritten Dezember schlagen sich die Thüringer im Allgemeinen an ihre Brüste und, weil sie sich selber doch am besten kennen, an desselbigen Monden Fünfzehntem, weiß Gott, die Hannoveraner zum dritten Mal; aber – am Tage Fabians und Sebastians, ganz vernünftigerweise an dem Tage, an welchem der Saft wieder in die Bäume schießen soll und welchen sehr seltsamerweise kein deutscher Volksstamm oder angestammter Bruchteil des deutschen Volkes sich zum In-sich-Gehen ausgesucht hat, ging die Buße Herrn Sebastian Pelzmanns an. Am zwanzigsten Januar 187* ging Herr Sebastian, wenn nicht schon in sich, so doch seinem wirklichen Soll und Haben im Leben mit außergewöhnlichem Unbehagen näher und fragte einen Doktor der Medizin dabei um Rat, welches letztere der Menschheit an ihren Buß- und Beichttagen nicht selten wohl anzuraten wäre.

9

S-BAHNHOF FEUERSEE

////////////////////////////////

Mind the Gap – mit
Lannert und Bootz

**Die Frage: »Wo warst du letzten Sonntag um 20:15
Uhr?«** ist für *Tatort*-Fans leicht zu beantworten: Ob
zu Hause auf dem Sofa oder beim gemeinsamen Ru-
delschauen in der Kneipe, jede Folge der längst zum
Kult gewordenen Krimireihe wird mit Hochspannung
verfolgt. Im Jahr 2020 feierte der *Tatort* Jubiläum:
Seit mehr als einem halben Jahrhundert werden inzwischen deutschlandweit Gangster gejagt. Natürlich
auch in Stuttgart. Hier verteidigen die Kommissare
Thorsten Lannert und Sebastian Bootz, gespielt von
Richy Müller und Felix Klare, ihr Revier.

Für ihren 25. Fall stiegen die beiden einen Stock
tiefer, denn die Kulisse bildete die unterirdisch gelegene S-Bahnhaltestelle Feuersee: Ein Heckenschütze
hält die Stuttgarter City in Atem. Um herauszufinden,
wer sich hinter dem Killer verbirgt, schlüpft Bootz am
trubeligen S-Bahnhof kurzerhand in die Kluft eines
Müllabfuhrmitarbeiters, um Lösegeld zu deponieren.
Kann damit der Täter überführt werden?

Das Skript zur Folge verfasste Wolfgang Stauch.
Der 1968 im rheinland-pfälzischen Contwig geborene Drehbuchautor ist im Krimi-Genre zu Hause und

schreibt bekannte Krimi-Serien für das ZDF. Vor allem aber ist er ein überaus erprobter *Tatort*-Schreiber. Seine amüsanten Dialoge, die er den Kommissaren in den Mund legt, sowie die spannenden Handlungen verfolgen immer wieder Millionen. Im Fall um die Suche nach dem Heckenschützen waren es fulminante 10,49 Millionen Zuschauerinnen und Zuschauer.

In Sachen berühmte *Tatorte* hat Stuttgart aber so manch eine weitere Perle zu bieten: In *Rot – rot – tot* aus dem Jahre 1978 versucht Kommissar Lutz (Werner Schumacher) im gediegenen Stadtteil Killesberg, einen Mörder ausfindig zu machen. An seiner Seite: Curd Jürgens in einem Gastauftritt. Den Dienst längst quittiert hat der behäbige und verlässliche Ermittler Ernst Bienzle (Dietz Werner Steck), der von 1992 bis 2007 auf Verbrecherjagd gegangen und in guter Erinnerung geblieben ist. 2006 wurde in der Folge *Bienzle und der Tod in der Markthalle* die Stuttgarter Markthalle mit ihren vielseitigen Verkaufsständen zum Filmset, ein denkmalgeschützter Jugendstilbau aus dem Jahre 1914 – und neben dem Feuersee auch einen Besuch wert!

WOLFGANG STAUCH

Tatort: Du allein

EXT.[5] S-BAHNHOF FEUERSEE BAHNSTEIG – DAY
*Bootz – in der einen Hand die Geldtüte, in der anderen das
Tastenhandy – geht zügig durch den Bahnhof, dann die
Treppe zum Bahnsteig runter, außer Atem, verschwitzt. Er
ist »verkabelt«, wir sehen ansatzweise den »Knopf im Ohr«.
Er spricht via Mini-Mikro mit Lannert – dessen Dialogteil
VO[6]. Bootz versucht, falls er erpresserseits beobachtet wird,
leise zu sprechen, die Lippen so wenig zu bewegen wie mög-
lich.*

BOOTZ. Wo seid ihr?

LANNERT (V. O.). Auf Position.

    Bootz schaut sich schon ein bisschen um.

BOOTZ. Was, wenn es schiefgeht, wenn wir ihn nicht fest-
    nehmen, wenn er vor 6000 Papierschnipseln sitzt? Was
    dann? Dann lädt er wieder durch!

LANNERT (V. O.). Dann gibt es nur eine Möglichkeit.

BOOTZ. Die wäre?

LANNERT (V. O.). Es geht nicht schief.

BOOTZ. Super Idee, so machen wir das.

    *Der Bahnsteig am S-Bahnhof Feuersee, unterirdisch.
    Ziemlich viele Leute warten auf die Bahn, ein Bahnsteig*

5 EXTERIOR (Außen).
6 VOICEOVER (die Stimme wird über die Szene gelegt).

zwischen zwei Gleisen. Die große runde Uhr über dem Bahnsteig springt auf Punkt 15 Uhr.

BOOTZ (CONT'D[7]). Ich bin da. Pünktlich.

LANNERT (V. O.). Perfekt.

Bootz versucht, seinen Puls runterzukriegen. Bleibt stehen, schaut in die eine Richtung des Bahnsteigs, in die andere. Sein Blick bleibt jeweils kurz bei verschiedenen Männern hängen: Der, der oder der? Einer davon der Erpresser? Das Handy meldet akustisch eine neue Nachricht. Bootz ruft sie auf. (Text: Bei Bahnsteigmitte – Weiße Tüte aus Mülleimer nehmen).

INT.[8] WAGEN EINSATZLEITUNG – DAY
Ein, z. B., Mercedes Sprinter als mobile Einsatzzentrale der Polizei: Viel Technik, eine Art Schaltpult, digitale Tonaufnahmegeräte, Audioüberwachungsanlage, Lautsprecher, Bildschirme, Notebooks, Sitzplätze. Lannert und ein Kollege. Lannert spricht via Headset mit dem verkabelten Bootz:

LANNERT. Hast du jemanden gesehen, der was in sein Handy tippt?

INT. S-BAHNHOF FEUERSEE BAHNSTEIG – DAY
Bootz guckt: Fast alle, die warten, tippen was ins Handy oder starren zumindest drauf.

7 CONTINUED (zeigt an, dass ein auf der vorherigen Drehbuchseite begonnener Dialog auf der nächsten Seite fortgesetzt wird).
8 INTERIOR (Innen).

BOOTZ. Ich sehe keinen, der nichts in sein Handy tippt.

LANNERT (V. O.). Gut. Die Kollegen haben dich. Ihr seid jetzt zu viert.

> *Ein vorsichtiger Blick von Bootz, er sieht, wie Zivilpolizei zum Bahnsteig kommt, ein Mann, zwei Frauen.*

BOOTZ. Sehe ich.

LANNERT (V. O.). Neue Anweisung?

INT. WAGEN EINSATZLEITUNG – DAY

Lannert spricht mit Bootz:

BOOTZ *(über Lautsprecher).* Ich soll eine Tüte aus einem Mülleimer holen … und das mache ich jetzt auch.

INT. S-BAHNHOF FEUERSEE BAHNSTEIG – DAY

Bootz ist am Mülleimer, stellt die Geld-Tüte ab, steckt das Tastenhandy ein und die Hand in den Mülleimer. Wühlt … findet nicht gleich was.

Ein Mann drückt ihm eine leere Bierflasche in die Hand: Er hält Bootz für einen Pfandsammler.

BOOTZ. Vergelt's Gott.

> *Der Mann freut sich über sein gutes Werk und geht.*
> *Bootz stellt die Flasche ab und fischt nun doch eine unbedruckte weiße Tüte aus dem Müll. Schaut rein.*

BOOTZ (CONT'D). Klamotten. Ein Handy. Ein Brief …

> *Bootz überfliegt schon den Brief. (Text: Kleider bis auf Unterwäsche ablegen und entsorgen, neue anziehen. Danach ein Mal im Kreis drehen. Neues Handy benutzen, altes entsorgen.)*

BOOTZ (CONT'D). Ich soll mich komplett umziehen. Heißt: GPS und Mikrofon gehen drauf. Ich soll das neue Handy benutzen. Soll ich das machen?

LANNERT (V. O.). Und dann?

BOOTZ. Warten.

Kurz Stille. Dann:

LANNERT (V. O.). Mach!

BOOTZ. Okay.

Bootz macht. Nicht gerne, aber ohne mit der Wimper zu zucken: Er zieht sich aus bis auf die Unterhose. U. a. legt er dabei eine dünne Schussweste ab. Offenbar lautet die detaillierte Anweisung: Dass er seine eigenen Klamotten in den Mülleimer stecken und sich dann einmal um die eigene Achse drehen soll. Macht er. Die neuen Klamotten: Ein blauer Arbeitsoverall. Dann dreht er sich um, er guckt, wer guckt: Der Erpresser?

Verschiedene Reaktionen zwischendurch: Viele kriegen es gar nicht mit, weil sie nach wie vor ihre Handys begucken, abfällige Blicke, ein paar irritiert, ein paar grinsen. Eine sehr alte Frau pfeift durch die Zähne.

INT. WAGEN EINSATZLEITUNG – DAY

Lannert spricht ins Headset:

LANNERT. Sebastian?

Keine Antwort, wie Lannert erwartet hat. Zu seinem Kollegen in der Einsatzleitung:

LANNERT (CONT'D). Okay, wie erwartet, der Kontakt ist abgebrochen.

INT. S-BAHNHOF FEUERSEE BAHNSTEIG – DAY
Bootz ist komplett umgezogen. Seine »alten« Klamotten steckt er in den Mülleimer, die Geld-Tüte in der einen, das neue Handy in der anderen Hand. Eine Bahn ist gerade eingefahren ... Bootz schaut auf das Handy, offenbar hat er eine neue Nachricht erhalten. (Text: In die nächste S1 einsteigen.) Er nimmt kurz Blickkontakt mit einer Zivil-Kollegin auf.

INT. WAGEN EINSATZLEITUNG – DAY
Lannert erhält über Funk Informationen vom Bahnsteig.
ZIVILPOLIZISTIN *(via Funk)*. 4.23 an 1. Kollege Bootz steigt in die S4. Was tun wir, wir haben noch etwa fünf Sekunden? *Er greift zum Funk und gibt via Funk Anweisungen:*
LANNERT. 1 an 4.23. Sie steigen mit einem Kollegen ein. Verstanden?
ZIVILPOLIZISTIN. *(via Funk)*. 4.23 an 1. Verstanden.
LANNERT *(über Funk)*. 1 an 3.2. Ich folge mit dem Wagen der S4. Erbitte wie abgesprochen Unterstützung des MEK. Verstanden?
MEK-MANN *(via Funk)*. 3.2. an 1. Verstanden.
Er legt das Funkgerät zurück, nimmt das Headset ab ...
LANNERT. Sie übernehmen hier.
Der Kollege nickt. Lannert geht rasch.

10

BIRKENKOPF
(MONTE SCHERBELINO)

///

Weitblick mit Geschichte

Den höchsten Punkt des inneren Stadtgebiets bildet
ein Hügel aus Trümmerschutt. Es ist der Birkenkopf,
der aus den Trümmerteilen der insgesamt 53 Luftan-
griffe besteht, die während des Zweiten Weltkrieges
auf Stuttgart geflogen wurden. Unter viel Kraftan-
strengung war in den Nachkriegsjahren der Schutt
aus der Stuttgarter Innenstadt hierhergebracht worden – und so ist der Monte Scherbelino, wie der 511
Meter hohe Hügel auch genannt wird, Aussichtspunkt
und Mahnmal zugleich. Heute ist er bewachsen, bei
genauem Hinsehen lassen sich aber noch ehemalige
Gemäuer, Häuserwände und Fassaden in der Natur erkennen.

Die Schriftstellerin Sibylle Lewitscharoff greift in
ihrem Roman *Montgomery* Szenen dieser Aufräum-
arbeiten auf. Ihr Roman erzählt aus dem Leben des
Filmproduzenten Montgomery Cassini-Stahl, der bei
Dreharbeiten in Rom zusammenbricht. Der Sohn einer
Schwäbin und des italienischen Fotografen Alessandro
Cassini sieht sich mit seiner eigenen Vergangenheit
konfrontiert und lässt sein Leben Revue passieren.
Dabei taucht in Rückblenden immer wieder der Stutt-
garter Stadtteil Degerloch auf, in dem der Filmpro-

duzent seine Kindheit verbrachte. Die Schilderungen streifen die Stuttgarter Nachkriegszeit und werden zu einem wertvollen historischen Zeitzeugnis. So erfährt man zum Beispiel, dass bis 1978 die Straßenbahn am Schlossplatz oberirdisch verlief, ehe sie unter die Erde verlegt wurde, um dem Platz mehr Großzügigkeit zu schenken. Die darauf stehende Jubiläumssäule wurde in den Jahren 1841 bis 1846 König Wilhelm I. zu Ehren erbaut und ebenfalls literarisch verarbeitet: Die in Stuttgart geborene Autorin Isolde Kurz berichtet in ihren Kindheitserinnerungen *Aus meinem Jugendland* (1918) über den Schreck, in den sie die Säule versetzte – sie dachte, eine der steinernen Figuren sei ihre Mutter. Ebenfalls in Stuttgart aufgewachsen ist auch die 1954 im Stadtteil Degerloch geborene Lewitscharoff. Sie erhielt für ihre beachtliches Werk unter anderem den Ingeborg-Bachmann-Preis sowie den Preis der Leipziger Buchmesse und den Georg-Büchner-Preis.

Wer die Heimat Lewitscharoffs und zugleich die Orte ihres Romans erkunden will, nutzt am besten eine der letzten Zahnradbahnen Deutschlands, genannt »Zacke«: Seit 1884 tuckert sie ab dem Marienplatz in Stuttgart Süd hinauf in die Höhenlagen nach Degerloch. Da lässt sich beim Kutschieren so mancher Panoramablick über die Dächer Stuttgarts genießen – ein ebenso prächtiger Blick über den Kessel wie vom Birkenkopf aus.

Montgomery

Von Alessandros Straßenbahn- und Albertos Sammel-
leidenschaft zeugte eine Schachtel mit Fahrscheinen, die
der Onkel aus einer Schublade nahm und seinem Neffen
reichte. Monty lüpfte mit gebührender Vorsicht den bekannten Deckel von der bekannten Schachtel und nahm
die dünnen Papierchen einzeln zwischen die Finger, hob,
als wären die zur Hälfte durchgerissenen Fahrscheine mit
der blauen V-Markierung selten geschaute Reliquien, den
aufgedruckten Streckenplan aus lauter Punkten vor die
Augen, verfolgte prüfend am unteren und oberen Rand
die schmalen Leisten mit den Zahlen von 1 bis 31, dazu die
zwei Uhren. Jawohl, eine Uhr für vormittags und eine für
nachmittags. Dann der Umsteigefahrschein mit den blauen
Häkchen, die der Schaffner mit seinem Stift auf der 19 und
an der Nachmittagsuhr in etwa bei Zeigerstand 3 angebracht
hatte. Geknüllter und wieder geglätteter Manteltaschenrest
eines Toten, den sein noch für sechs Tage vom Leben um-
getriebener Sohn zum letzten Mal in der Schachtel begrub.

»Deine Mutter war als junges Mädchen nicht in Hitler,
sondern in Goebbels verliebt. Verliebt in kleine diaboli-
sche Männer mit Klumpfuß. Sie glaubte, Alessandro sähe
ihm ähnlich. Ein Diavolo von der anderen Seite der Al-
pen«, sagte der Onkel.

Das war neu.

Monty beschränkte sich darauf, die Brauen auf das übliche Fragemaß emporzuziehen.

»Zu ihrer Enttäuschung mußte sie entdecken, daß Alessandro sanft war, nicht der Mann, der seinen Fuß auf die Leiche des alten Stahl stellte.«

»Wieso Goebbels?« fragte Monty, sein Atem ein wenig flach.

»Scharf, geladen, jesuitisches Profil, ein Rhetor für feuchte Höschen und knackende Kinnladen«, sagte der Onkel und wirkte plötzlich um Jahrzehnte verjüngt. »Wir hätten ihn mit Kußhand genommen. Er hätte es lässig zum Kardinal gebracht, vielleicht sogar zu mehr.«

Er sog an seiner Zigarette, blies den Rauch in die Luft, zwinkerte Monty zu und zeichnete ein kleines Kreuz in die Schwade.

»Und woher, um Himmels willen, willst du das wissen?«

»Von Alessandro natürlich, von wem sonst.«

»Du spinnst.«

»Glaub mir, der Klumpfuß hat sich ins Herz deiner Mutter gefaselt. Wie ich deine Mutter kenne« – er verschränkte die Hände im Schoß und setzte eine Beichtvatermiene auf – »hat sie ein Leben lang auf die Wiederkehr des Männchens gewartet, der sie aus ihrer olympischen Ruhe bringen würde.«

Monty lachte und stand auf. »Er trug eine Windel, als

man versuchte, ihn zu verbrennen. Ist auf den Fotos der Russen gut zu erkennen, der angekokelte Goebbels neben den sechs Kinderleichen. Du glaubst allen Ernstes, meine Mutter hätte sich ein Leben lang nach dem Windelmännchen verzehrt?«

»Ein Mensch hat Hunderte von sonderbaren Trieben.«

»Du kennst sie nicht.«

»Söhne kennen ihre Mütter erst recht nicht.«

»Nichts liegt meiner Mutter ferner, als zu schwelgen. Sie ist eine trockene Natur.«

»Ich gebe die Schuld ja nicht ihr. Schuld hatte die Stuttgarter Straßenbahn. Die Beleuchtung war wohl etwas schummrig, da konnte Alessandro als Wiedergänger durchgehen. Und Alessandro war versessen auf alles, was mit Verkehr zu tun hat, zu Wasser, zu Lande und in der Luft. Ein hübsches Mädchen in der Straßenbahn, da konnte er nicht widerstehen.«

Die Häufigkeit, mit der Alessandro die Stuttgarter Straßenbahn fotografiert hatte, gab ihm recht. Die Linie 10, in der er Gerlinde kennengelernt hatte, ist die Heldin einer ganzen Serie. Ihre Kriegsverkleidung, die abgedunkelten Scheinwerfer, das Petroleumrücklicht und die Pappen, mit denen die Fenster verklebt worden waren, hatte man inzwischen entfernt. Der Scheinwerfer tastete sich wieder mit voller Leuchtkraft über den Schnee. Reklametafeln über den Fenstern verbreiteten eine friedliche Propaganda:

Krank sein, nein, das will ich nicht,
doch ein ernster Mahner spricht:
Sorge vor und nimm's genau,
frag noch heut die DKV.

Innenaufnahmen zeigen an Stangen befestigte Leder-
schlaufen, die in der Kurve schief hängen. Bei den Schaff-
nern konzentrierte sich Alessandro auf ihre Bäuche, auf
die darauf geschnallten Münzspender und die Klappbü-
cher mit den Fahrscheinen. Am Schloßplatz fotografierte
er die sogenannte Mittagsspitze, den Stangenwald der
dicht an dicht einfahrenden Bahnen, die den Strom von
der Oberleitung abnahmen, die Trümmer an den Seiten
zu ordentlichen Haufen zurückgeräumt. Am Hegelplatz,
wo die stärksten Zerstörungen waren, hatte man ein
Trümmeraufbereitungswerk eingerichtet, um alte Ziegel
und Steine zu zermahlen und sie zu neuen Steinen aufzu-
arbeiten. Auf Sondergleisen verkehrte die Trümmerbahn,
ein Lorenzug mit kleiner Dampflok, die den Schutt her-
anführte. Alessandro hatte die weggeräumten Trümmer
quer durch die Stadt verfolgt, auch die Fahrten der Last-
wagen, die den unbrauchbaren Schutt zum Monte Scherbelino karrten.

11

STÄFFELE
»ZUR SCHILLEREICHE«

//

Fit bleiben mit Schiller

Sie sind überall: Stufen. 500 bis 600 Stäffele zieren Stuttgarts Hänge und bringen die Schwaben regelmäßig außer Atem. Nicht zu Unrecht werden Stuttgarterinnen und Stuttgarter auch gerne mit dem Kosenamen »Stäffelesrutscher« betitelt. Ursprünglich waren die Freilufttreppen entstanden, um einen schnelleren Zugang vom Kessel aus in die Hang- und Höhenanlagen zu ermöglichen. Zu den bekannteren Staffeln zählen die Eugenstaffel zum Galateabrunnen, das Oscar-Heiler- bzw. das Willy-Reichert-Stäffele zur Karlshöhe sowie die Sünderstaffel an der Gänsheide.

Doch an dieser Stelle soll es um eine andere Staffel gehen, und zwar die, die der Schriftsteller Friedrich Schiller (1759–1805) – aus Marbach und Stuttgart nicht wegzudenken! – im Stuttgarter Süden für sich verbuchen kann: die besonders lang gezogene Staffel zur Schillereiche. Um das Stäffele zu begehen, verlässt man den Weißenburgpark am obigen Ausgang, gelangt in die Steinkopfstraße, läuft wenige Meter nach rechts und biegt links in das besagte Stäffele ein. Etliche Stufen später wird man oben mit einem tollen Aussichtspunkt belohnt, von dem aus man den Blick in den Stuttgarter Süden bis nach Heslach, Kaltental und

Vaihingen schweifen lassen kann – zumindest dann, wenn die Bäume und Sträucher nicht zu sehr wuchern.

Als literarischer Kultplatz gilt dieser Ort vor allem deswegen, weil hier der junge Schiller im Jahr 1781 seinen Freunden die erste Lesung aus seinem Drama *Die Räuber* (1781) dargeboten hatte. 1865, zum 60. Todestag des Schriftstellers, hatte man ihm hier zu Ehren eine Eiche gepflanzt, die inzwischen eine beachtliche Größe angenommen hat.

Auf einer der Bänke unter der Eiche kann man also etwas von dem Geist des Schiller'schen Dramas um den alten Grafen Maximilian von Moor und seinen gegensätzlichen Söhnen – den vom Vater geliebten, späteren Räuber Karl und seinen eifersüchtigen Bruder Franz – spüren. Im folgenden Ausschnitt aus der ersten Szene des Dramas erreicht den Vater ein unerfreulicher Brief über Karl aus Leipzig – doch was er nicht weiß, ist, dass dieses Schriftstück, das Karl als Frauenschänder, Mörder und Banditen hinstellt, von Franz gefälscht wurde.

FRIEDRICH SCHILLER

Die Räuber

DER ALTE MOOR. Du willst, ich soll meinen Sohn verfluchen?

FRANZ. Nicht doch! nicht doch! – Euren Sohn sollt Ihr nicht verfluchen. Was heißt Ihr Euren Sohn? – dem Ihr das Leben gegeben habt, wenn er sich auch alle ersinnliche Mühe gibt, das Eurige zu verkürzen?

DER ALTE MOOR. Oh, das ist allzu wahr! das ist ein Gericht über mich. Der Herr hat's ihm geheißen!

FRANZ. Seht Ihr's, wie kindlich Euer Busenkind an Euch handelt? Durch Eure väterliche Teilnehmung erwürgt er Euch, mordet Euch durch Eure Liebe, hat Euer Vaterherz selbst bestochen, Euch den Garaus zu machen. Seid Ihr einmal nicht mehr, so ist er Herr Eurer Güter, König seiner Triebe. Der Damm ist weg, und der Strom seiner Lüste kann itzt freier dahinbrausen. Denkt Euch einmal an seine Stelle! Wie oft muss er den Vater unter die Erde wünschen – wie oft den Bruder – die ihm im Lauf seiner Exzesse so unbarmherzig im Weg stehen. Ist das aber Liebe gegen Liebe? Ist das kindliche Dankbarkeit gegen väterliche Milde? Wenn er dem geilen Kitzel eines Augenblicks zehn Jahre Eures Lebens aufopfert? Wenn er den Ruhm seiner Väter, der sich schon sieben Jahrhunderte unbefleckt erhalten hat, in e i n e r wollüstigen Minute aufs Spiel setzt? Heißt Ihr das Euren Sohn? Antwortet! Heißt Ihr das einen Sohn?

DER ALTE MOOR. Ein unzärtliches Kind! ach! aber mein Kind doch! mein Kind doch!

FRANZ. Ein allerliebstes, köstliches Kind, dessen ewiges Studium ist, keinen Vater zu haben – O dass Ihr's begreifen lerntet! dass Euch die Schuppen fielen vom Auge! Aber Eure Nachsicht muss ihn in seinen Liederlichkeiten befestigen; Euer Vorschub ihnen Rechtmäßigkeit geben. Ihr werdet freilich den Fluch von seinem Haupte laden, auf Euch, Vater, auf Euch wird der Fluch der Verdammnis fallen.

DER ALTE MOOR. Gerecht! sehr gerecht! – Mein, mein ist alle Schuld!

FRANZ. Wie viele Tausende, die voll sich gesoffen haben vom Becher der Wollust, sind durch Leiden gebessert worden. Und ist nicht der körperliche Schmerz, der jedes Übermaß begleitet, ein Fingerzeig des göttlichen Willens? Sollte ihn der Mensch durch seine grausame Zärtlichkeit verkehren? Soll der Vater das ihm anvertraute Pfand auf ewig zugrund richten? – Bedenkt, Vater, wenn Ihr ihn seinem Elend auf einige Zeit preisgeben werdet, wird er nicht entweder umkehren müssen und sich bessern? oder er wird auch in der großen Schule des Elends ein Schurke bleiben, und dann – wehe dem Vater, der die Ratschlüsse einer höheren Weisheit durch Verzärtlung zernichtet! – Nun, Vater?

DER ALTE MOOR. Ich will ihm schreiben, dass ich meine Hand von ihm wende.

FRANZ. Da tut Ihr recht und klug daran.

DER ALTE MOOR. Dass er nimmer vor meine Augen komme.

FRANZ. Das wird eine heilsame Wirkung tun.

DER ALTE MOOR *(zärtlich)*. Bis er anders worden.

FRANZ. Schon recht, schon recht – Aber, wenn er nun kommt mit der Larve des Heuchlers, Euer Mitleid erweint, Eure Vergebung sich erschmeichelt und morgen hingeht und Eurer Schwachheit spottet im Arm seiner Huren? – Nein, Vater! Er wird freiwillig wiederkehren, wenn ihn sein Gewissen rein gesprochen hat.

DER ALTE MOOR. So will ich ihm das auf der Stelle schreiben.

FRANZ. Halt! noch ein Wort, Vater! Eure Entrüstung, fürchte ich, möchte Euch zu harte Worte in die Feder werfen, die ihm das Herz zerspalten würden – und dann – glaubt Ihr nicht, dass er das schon für Verzeihung nehmen werde, wenn Ihr ihn noch eines eigenhändigen Schreibens wert haltet? Darum wird's besser sein, Ihr überlasst das Schreiben mir.

DER ALTE MOOR. Tu das, mein Sohn. – Ach! es hätte mir doch das Herz gebrochen! Schreib ihm – –

FRANZ (schnell). Dabei bleibt's also?

DER ALTE MOOR. Schreib ihm, dass ich tausend blutige Tränen, tausend schlaflose Nächte – Aber bring meinen Sohn nicht zur Verzweiflung!

FRANZ. Wollt Ihr Euch nicht zu Bette legen, Vater? Es griff Euch hart an.

DER ALTE MOOR. Schreib ihm, dass die väterliche Brust – ich sage dir, bring meinen Sohn nicht zur Verzweiflung. (Geht traurig ab.)

FRANZ (mit Lachen ihm nachsehend). Tröste dich, Alter, du wirst ihn nimmer an diese Brust drücken, der Weg dazu ist ihm verrammelt wie der Himmel der Hölle – […]

12

VILLA ZUNDEL
KIRCHHEIMER STRASSE 14

//

1000 Grüße von Zelle zu Zelle

Sozialistin und Publizistin, Kämpferin für das Frauen-
wahlrecht und Begründerin des Internationalen Frau-
entages, der bis heute jährlich am 8. März begangen
wird – das war Clara Zetkin (1857–1933). Nach Stuttgart zog sie ein Angebot des Verlegers Heinrich Dietz:
Sie sollte die Redaktion der sozialdemokratischen Zeit-
schrift *Die Gleichheit* leiten – und das tat sie dann auch,
20 Jahre lang, von 1892 bis 1912. Zunächst lebte sie in
der Rotebühlstraße 147, dann in der Blumenstraße 34
neben dem heutigen Sitz des Thienemann-Esslinger
Verlags, ehe sie 1904 mit ihrem Ehemann und dem erfolgreichen Maler Friedrich Zundel ein neues Haus in
der Kirchheimer Straße 14 in Sillenbuch bewohnte: ein
Gebäude im Landhausstil der Jahrhundertwende, die
»Datscha Zundel«.

Hier muss es damals sehr beschaulich gewesen sein,
zumindest befanden sich zu jener Zeit kaum Häuser
im Stadtbezirk Sillenbuch, und laut einem damaligen
Ortschronisten lag die Gemeinde fast »im Gebirge«.
Hierhin hatte es das Ehepaar also verschlagen, und
mit ihm ließen sich in Sillenbuch noch etliche weitere
Intellektuelle und Köpfe der sozialistischen Bewegung
blicken: Karl und Luise Kautsky, August Bebel, Karl

Liebknecht oder Franz Mehring kamen in das weltoffene Haus des Ehepaars, im Jahr 1907 sogar Wladimir Iljitsch Lenin anlässlich des Weltkongresses der II. Internationale. Und Rosa Luxemburg (1871–1919), mit der Clara Zetkin eine enge Freundschaft verband, pflegte mit Leidenschaft den Garten der Villa Zundel.

»1000 Grüße von Zelle zu Zelle…«, schrieb Rosa Luxemburg 1915 an ihre Freundin, als sie beide im Gefängnis saßen: Zetkin in Karlsruhe wegen ihrer Einberufung der Internationalen sozialistischen Frauenkonferenz; Luxemburg in Berlin aufgrund ihres Aufrufes zur Kriegsdienstverweigerung. Briefe schrieben die beiden Freundinnen immer, egal, unter welchen Umständen. Und das, was sie sich schrieben – sei es über die Frauenbewegung oder eine Katzenfamilie –, gibt einen Einblick in eine politisch zutiefst bewegte Freundschaft.

An Clara Zetkin erinnert in Sillenbuch neben der Villa noch das Clara-Zetkin-Haus, ein Waldheim in der Gorch-Fock-Straße 26, das 1909 mit finanzieller Hilfe von Clara Zetkin und Friedrich Zundel gegründet wurde. Die Waldheime, die vor dem Ersten Weltkrieg entstanden, sind eine Stuttgarter Besonderheit: Die am Waldrand gelegenen Häuser, die noch heute mit ihren großen Biergärten und Grünflächen zur Pause und Stärkung einladen, sollten damals vor allem den organisierten Arbeiterinnen und Arbeitern einen Ort bieten, an dem sie an ihren freien Tagen dem stickigen Stuttgarter Kessel entfliehen und sich in der Natur im Kreis von Freunden und Familie erholen konnten.

Briefwechsel

[Sillenbuch,] 27. April [1909]

Liebstes Klärchen!

[...] Die übrige Katzenfamilie ist wohl. Die Kleinen werden sorgsam gehütet und gemästet von Costia und mir, die Mimige bloß ist eine schreckliche Plärre geworden, sie miaut unausgesetzt.

Seit Du fort bist, haben wir nur einen sonnigen Tag gehabt (Faisst war dann auch kurz da und hat etwas »spanisch« vorgesungen), sonst stillen Frühlingsregen. Der Garten gedeiht auch sehr, die Kirschbäume sind ganz in Blüte, dito die Forsythien, dann die zwei eigenartigen Pflaumenbäumchen am Eingang zu der großen Gartenallee blühen ganz blass blaurötlich, auch das Mandelbäumchen öffnet sich, die Stechpalmen haben gelbe, duftende Blütchen, der Pfirsich ist halb offen, die ernsten großen Birn- und Apfelbäume sind aber nicht so fürwitzig und warten erst mit einer Myriadenzahl von Knospen auf Deine Ankunft.

Ich arbeite den ganzen Tag und fühle mich ausgezeichnet. Der Kuckuck hört nicht auf bei diesem dumpfig feuchten Wetter, abends aber die »Vroschen« geben das Konzert.

Ich küsse Dich.

Deine R.

Liebste Klara!

Es ist wohl seit mehreren Jahren das erste Mal, dass ich
nicht zu Deinem Geburtstag eine Spritzfahrt nach Stuttgart unternehmen kann und mich mit einigen Zeilen be-
gnügen muss. Aber Du wirst mich ja entschuldigen, die-
weil ich wirklich »unabkömmlich« bin. Ich tröste mich auf
das nächste Jahr, das mich und uns für vieles entschädigen
soll. Ob es halten wird, was ich mir verspreche – wer kann
wissen? Je mehr ich mir die ganze Situation gründlich
überlege, um so verworrener kommt sie mir vor, und ich
erwarte vorerst nicht viel Ruhe, eher viel Trubel und Un-
sicherheit. Das macht mich freilich nicht etwa verzagt. Ich
sehe mit Seelenruhe allem, was kommen mag, entgegen.
Von dem Besuch bei Dir habe ich gehört, Karl [Liebknecht]
sprach neulich mit Entzücken von Deiner unveränderlich
frischen Stimmung und Energie, was mir sehr wohlgetan
hat. Dass ich Dich das letzte Mal nicht sehen konnte, war
mir sehr schmerzlich, ich hoffe jedoch, dass Du in nächster
Zeit wieder einmal hier auftauchst, und dann musst Du
mich natürlich besuchen, ich halte mir »frei« den Platz für
Dich. Von mir ist nicht viel zu berichten: Ein Tag gleicht
dem andern und eine Woche der andern wie zwei Re-
gentropfen; es sind nun ca. 4½ Monate vorbei. Wenn der
Himmel in seinen unerforschlichen Ratschlüssen nicht
anders bestimmt – wozu einige schwache Anzeichen vor-
liegen –, dann sind es noch 7½. Ich tue von 6 Uhr früh bis

9 abends nichts anderes als lesen und z. T. schreiben, damit ist mein derzeitiges »Lebensbild« erschöpft.

Bei Euch muss der Garten jetzt in voller Pracht stehen, ich stelle mir ihn sehr lebhaft vor, da ich ja jedes Beet und jeden Winkel kenne. Auch über den Zuwachs bei Mohrle und Mimige bin ich durch Costia [Zetkin] orientiert. Ich bedauerte sehr, dass man die Kätzchen von Mimige umgebracht hat; wäre ich bei Euch oben, ich hätte sie schon aufgefüttert; ich denke immer noch an das erste prachtvolle Paar ihrer Kinder, die ich oben in dem Zimmer Deiner Söhne fütterte. Freilich, wer hat jetzt zu dergleichen Zeit und Gemüt in Eurer stürmischen Welt. [...]

Nun, liebste Klara, lass Dich herzlich umarmen und Dir alles Gute wünschen. Tausend Grüße Dir und auch Deinen Männern.

Deine R

Königl. Preuß. Frauengefängnis
Barnimstr. 10
31. Juli [1915]

Liebste Klara!

Soeben las ich in der Zeitung von Deiner Verhaftung. Es ist ein harter Schlag für mich, zumal in meiner völligen Ohnmacht hier. Schreibe mir sogleich eine Zeile der Beruhigung. Ich will wissen, wie Du Dich fühlst, ob Du einigermaßen erträgliche Bedingungen hast, ob Du einen

Rechtsanwalt dort hast, der sich Deiner Sache annimmt und dergleichen. Heute bin ich zum ersten Mal ungeduldig geworden. Liebste, sei Du jetzt guter Laune, denn mir fehlt sie heute.

Tausend Grüße von Zelle zu Zelle

Deine Rosa

Wilhelmshöhe, d. 17. XI. 1918
Post Degerloch bei Stuttgart

Meine liebste Rosa,

kannst Du Dir vorstellen, wie glücklich es mich machte, gestern endlich, endlich wieder Deine Stimme zu hören? Dann hast Du erst eine Ahnung, wie unglücklich und wütend ich war, Dich nicht besser verstehen, mich nicht besser mit Dir verständigen zu können. Ach Rosa, es ist eine Welt von Fragen, über die ich mich mit Dir aussprechen müsste. Du weißt, wie misstrauisch ich gegen mein eigenes Urteil bin. Und hier habe ich liebe Menschen, deren Meinungen und Auffassungen mich anregen können, aber niemand, dessen Urteil über die Situation mir maßgebend für Selbstorientierung und Selbstverständigung wäre. Ich bin ganz auf mich gestellt, und noch habe ich meine alte Kraft und Frische nicht wieder. So ist das Bedürfnis nach einem Wiedersehen mit Dir stärker als je, von allen rein persönlichen Empfindungen abgesehen. Ich begreife, dass Du jetzt nicht fort kannst. Deshalb bleibt es meine

Absicht, sobald es nur möglich sein wird zu Dir zu kommen. Also wundere Dich nicht, wenn ich eines Tages einfach da bin. Noch eine andere Erwägung spielt dabei mit. Könnte ich nicht in Berlin nützlicher sein, mehr leisten als hier? Ich habe das Gefühl, als sei Stuttgart kein Boden für mein Wirken. Und ich möchte doch etwas mehr tun als das Leipziger Frauenblättle redigieren.

[…]

Nun, da ich mit mir selbst klarer und einiger geworden bin, werde ich nach Kräften hier zu wirken suchen. Soweit es mein physisches Vermögen irgend gestattet, will ich an dem politischen Leben der Stuttgarter Spartacusgruppe teilnehmen, ich will unserer grundsätzlichen Auffassung entsprechend in der Öffentlichkeit tätig sein. Zumal auch für die Frauen. Unser Kampf bedarf jetzt mehr als je der Frauen. Durch das Frauenblatt kann ich nur auf die führende Elite der Frauen wirken. Auch das ist wichtig, aber es ist von höchster Wichtigkeit, dass wir unmittelbar proletarische Frauenmassen erfassen. Dazu brauchten wir eine Tageszeitung, brauchten wir kurze Flugblätter. Die Tageszeitung ist zurzeit unmöglich. Häufig erscheinende Flugblätter müssten sie ersetzen. Sie müssten positiv unsere Forderungen vertreten, wie sie einzeln durch die Ereignisse in den Vordergrund geschoben werden. Wir kommen kaum um die Nationalversammlung herum. Wir müssen versuchen, ihre konterrevolutionäre Gefahr unschädlich zu machen. Am breitesten treten vor die Frauen die Folgen der Demobilisation: Ernährungsfrage, Verdienst oder Arbeitslosigkeit etc. Hier müssten wir einsetzen, um unsere Forderungen unter die proletarischen Frauenmassen zu tragen.

[...]

Liebste Rosa, ich harre mit Ungeduld auf Deine Antwort. Von dem Unendlichen, was ich Dir noch sagen möchte, schweige ich. Ich drücke Dich fest, fest an mein Herz.

Deine Clara

13

OSTENDSTRASSE

///////////////////////////////

Im Kiez zwischen Schlachthof und Arbeiterhäuschen

Stuttgarter Lokalkolorit und der *American Dream* passen nicht zusammen? Bei der Schriftstellerin Anna Katharina Hahn schon: Cornelia ist frisch geschieden und fliegt für eine Auszeit in die USA; Oma Elisabeth soll sich solange um deren Kinder Stella und Bruno kümmern, aber Cornelia wohnt ausgerechnet im Stuttgarter Stadtteil Ost, gegen den Elisabeth so ihre Vorurteile hat. Hahn haucht mit ihrem Familienroman *Aus und Davon* aus dem Jahre 2020 dem Stuttgarter Osten Leben ein. Gebürtig stammt Hahn, die mit zahlreichen Literaturpreisen geehrt wurde, aus Ostfildern nahe Stuttgart. Handlungsort ihres vierten Romans, der drei Generationen umfasst, ist nun die zentral gelegene Straße rund um den Ostendplatz.

Den Osten als literarischen Ausgangspunkt wählte schon der Schriftsteller Manfred Esser für seinen *Ostend-Roman* (1978), nun nimmt sich Hahn dem Stadtteil an, der die schwäbisch-dörfliche Struktur einer Arbeitergegend mit der gediegenen Höhenlage Gänsheide vereint. Auch die Veränderungen des Stadtteils nimmt sie in den Blick: Die ehemaligen Schlachthöfe des Ostens, vor denen sich Elisabeth ekelt, haben sich inzwischen gewandelt, und das prunkvolle Jugendstilhaus, Sitz der einstigen Schlachthofverwaltung, beherbergt jetzt ein Museum, in dem – thematisch beim Schwein geblieben – alles Wissenswerte zur Sau in der Kunst- und Kulturgeschichte präsentiert wird.

Doch der Stadtteil, der an Stuttgart-Mitte und das Neckarufer bei Bad Cannstatt grenzt, hat noch einiges mehr zu bieten: Auf der Uhlandshöhe findet sich die erste Waldorfschule der Welt, gegründet im Jahre 1919, sowie die Villa Reitzenstein, der Amtssitz des Baden-Württembergischen Ministerpräsidenten. Das wohl bekannteste Bauwerk im Osten ist aber die Sommerresidenz Villa Berg. Die von 1845 bis 1853 erbaute Landhausvilla des württembergischen Kronprinzen thront im Stil der italienischen Hochrenaissance inmitten eines kleinen idyllischen Parks. So schlecht kann es im Osten Stuttgarts also doch nicht sein.

ANNA KATHARINA HAHN

Aus und davon

Wie konnte Cornelia mit den Kindern nur in dieses Viertel ziehen?

Plötzlich musste alles hopplahopp gehen mit dem Verkauf der nicht einmal zur Hälfte abbezahlten Wohnung in der Altenbergstraße, weil Dimi in Parga ein Büro angeboten wurde, auf das angeblich noch andere ein Auge geworfen hatten, ein Filetstück, nur eine Straße hinter der Uferpromenade. Cornelia blieb jedem Rat unzugänglich. »Wir sind einander nicht böse. Meine Güte, wir kennen uns, seit wir sechs Jahre alt sind! Es konnte so nicht mehr weitergehen. Er ist unglücklich hier, und mich macht es wahnsinnig, mit ihm zusammenzusein. Jedes Mal nach dem Urlaub wieder die Heulerei: Ich kann hier nicht leben, das ist nicht mein Land. Da bin ich lieber allein, wirklich.« Ob sie das heute auch noch sagen würde? Elisabeth rümpft die Nase. Auch dieses Ostend-Loch geht letztlich auf Dimi zurück; eine seiner Tanten kannte die Cousine von irgendjemandem, diese Familie ist ja über ganz Stuttgart hinweg vernetzt. Cornelia, dieses Dummerle, war dankbar dafür. Allerdings gab es kaum etwas Aussichtsloseres, als in dieser Stadt eine bezahlbare Wohnung zu finden.

Elisabeth erinnert sich, wie sie selbst einen ganzen Sommertag lang durch die ferienstillen Straßen gelaufen ist, fest entschlossen, für Cornelia, Stella und Bruno eine bessere Bleibe zu finden. Sie spähte auf der Suche nach Leerstand in Fenster, fragte in Geschäften, studierte die Aushänge im Supermarkt, allesamt von Wohnungssuchenden. Hinz ging kopfschüttelnd mit. Er glaubte nicht an diese Unternehmung. »Du kannst dich nicht immer einmischen, Lisi. Außerdem sind sie doch ordentlich untergebracht.« Die Ostendstraße als neue Adresse ihrer Tochter bedeutete für Elisabeth eine Ohrfeige, genau wie die Scheidung. Was wusste Hinz schon, dieser Mainzer?

Sie kannte Stuttgart-Ost lediglich vom Wegschauen, als bemitleidenswerte Arbeitergegend, durch die nun mal ihre Straßenbahn fuhr. Jahrelang hatte sie die Linie 9 von Hedelfingen in die Innenstadt genommen, um zum ›Reisestudio‹ zu kommen. Hinz, der das Geschäft früh öffnete, fuhr mit dem Auto. Ost war für Elisabeth der Gestank, den die ›Württembergische Fettschmelze und Häuteverwertung‹ absonderte, das riesige Areal des Schlachthofs, wo sie aus dem Bahnfenster sehen konnte, wie Männer in weißen Overalls blutige Schweine- und Rinderhälften an Haken herumschoben: eine gräßliche Tarzanbahn. Über dem ganzen Stadtteil thronte der Gaskessel mit seinem schwarzen Bauch aus zahllosen Fettringen wie ein Götzenbild, dem in der Dämmerung eine Krone roter Signallichter aufgesetzt wurde. Mittlerweile versteckt der Schlachthof seine Tätigkeiten in hellen neuen Hallen, doch das ignoriert Elisabeth ebenso wie das beliebte ›Schweinemuseum‹.

Bei ihrer fruchtlosen Wohnungssuche staunte sie darüber, wie ruhig, geradezu gediegen, es in vielen Straßen von Stuttgart Ost aussah. Die alten Arbeiterhäuschen prangten in lehmgelber und ziegelroter Patina. Es gab Vorgärten und begrünte Hinterhöfe, sogar Balkone mit Holzwerk und zinnenartigen Erkern. Vor hundert Jahren hatten hier arme Leute gewohnt, Schufter aus den Textilfabriken, die frische Luft und ein bisschen Platz bekommen sollten. Aber inzwischen sah es in den Straßen, die in einem dörflichen Stern von der Lukaskirche wegstreben, fast so bürgerlich wie im Stuttgarter Süden aus: Weiße Orchideen und hohe Bücherwände hinter blanken Scheiben, dazu der Eduard-Pfeiffer-Platz mit einem Jugendstil-Brunnen, von dem ein steinerner Jüngling nachdenklich in seine Wasserschale schaut.

Cornelia lehnte jede Alternative ab. Sie wollte nicht zurück in den Alosenweg kommen und wurde schließlich fast ausfallend. »Ich bin in fünf Minuten beim Job. Bruno kann zur Schule laufen. Es ist günstig. Es ist okay für uns.«

SWR
NECKARSTRASSE 230

////////////////////////////////////

Auf Sendung mit Walser,
Beckett und Heißenbüttel

Ganz egal, wo man sich in Stuttgart befindet, der 217
Meter hohe Fernsehturm ist immer präsent. Ohne Frage ist er das Wahrzeichen der Stadt. Die ungewöhnli-
che Betonnadel auf dem Bopser gilt als architektoni-
sches Meisterwerk und lädt seit seiner Eröffnung im
Jahr 1956 Touristen aus aller Welt ein, und zwar auf die
150 Meter hoch gelegene Aussichtsplattform – sei es
zu einem Essen im Restaurant (sogar Queen Elizabeth
speiste schon hier) oder zu einem Drink an der Bar.
Vor allem gilt der erste Sendeturm der Welt jedoch als
Symbol des Südwestrundfunks.

Die Landesrundfunkanstalt mit ihren drei Haupt-
standorten in Baden-Baden, Mainz und Stuttgart hat
sich im Kessel in der Neckarstraße 230 einquartiert.
Dabei bietet das SWR-Funkhaus in Stuttgart, das zugleich Verwaltungssitz ist, modernste Hörfunk- und
Fernsehstudios und produziert Fernsehformate wie
die *Landesschau Baden-Württemberg* oder Radiopro-
gramme wie SWR1.

Spannend ist der SWR in der Neckarstraße auch in
literarischer Hinsicht: Der Schriftsteller Martin Walser

war schon während seines Studiums am Aufbau des Fernsehbereichs beteiligt und arbeitete beim Sender als Reporter und Hörspielautor. Auch der bedeutende irische Schriftsteller Samuel Beckett spazierte des Öfteren durch die Neckarstraße: Für die Reihe *Der Autor als Regisseur* produzierte er beim damaligen SDR verschiedene Fernsehspiele, wofür er sechsmal in die Stadt kommen musste. Während seiner Pausen zog er sich am liebsten in sein (heute leider nicht mehr existierendes) Stammlokal, die Neckarklause, zurück.

Ein weiterer nicht zu vergessender literarischer Promi war der Schriftsteller und Essayist Helmut Heißenbüttel (1921–1996). Auf Einladung von Alfred Andersch Ende der 50er Jahre übernahm er die Redaktion von *Radio-Essay*. Was Heißenbüttel neben seinen Rundfunkaktivtäten noch so tat? Die Stadt, die er selbst als Spaziergehstadt bezeichnete, auf sich wirken lassen und darüber Gedichte schreiben – darunter sein »Spaziergang in Stuttgart«.

HELMUT HEISSENBÜTTEL

Spaziergang in Stuttgart

die Zeichen der Bäume erheben sich wie zu Sätzen
geordnet auf den Wiesen
und das Panorama der Stadt in pastellenen Tönen breitet
sich aus hinter diesen

ein langsam vorübergeschobener Schauer dann
          macht der Regen
Muster aus Flecken das sich verdichtet im Park
          auf asphaltierten Wegen

von Halbhanglagen strömt nachmittags Ostergeruch
          in die Talsohle hinein
während Märzensonne das Tal überquert von Hang
          zu Hang mit gelbem Schein

Architektur aus Staffeln Stadtlandschaftstreppen-
          architektur
Straßen und Jahre die ich mit der Straßenbahn
          zwei einundzwanzig neun abfuhr

Perspektive der Rotebühlstraße von der Staffel zur
          Reinsburgstraße aus gesehn
die Karrees des Westens und die spitzen und flachen
          Ecken von Ostheim richtig zu verstehn

Foto vom Nachmittagsgegenlichtpflaster Nähe Feuersee
Gegend durch die ich über Jahre mich verändert habend
          verändert geh

talhinab früh im Gegenlicht schwankende Straßenbahnen
plötzlich ist was erreicht nie wurde Unwiederbringliches
          zu ahnen

Talabbeleuchtung früh Rotebühlstraße Gewittergußglanz
offen gestellt was gekommen erfüllt nie ganz

Foto die Staffel im Sünder betreffend oder Blick abwärts
                Silberweg
Gablenberger Hauptstraße auf und ab Routen denen ich
              zu folgen pflegte manchmal noch pfleg

im Sünder steigend als Ruth ungefähr fünf gewesen
             sein muß
Sommerlicht vormittags oberhalb Heslach Gedicht über
            die Übung zu sterben und Schluß

des Spätfrühlings einst sich hier überstürzender Triumph
Unzahl ineinander verschlungener Wege vom Abgehn
           auch stumpf

Donizettistraße mittlerer Kirchhaldenweg Feuerbacher
           Tal Doggenburg Herdweg Berliner Platz
ein aus Straßennamen gebildeter variabel mit Inhalt
           auszufüllender Satz

Waldhinaufblick Chopinstraße abendlich im Schatten
Prospekt dessen was wir konkret entfaltet als Leben
           hatten

als wir in dieser Stadt ankamen waren die Kinder klein
oder noch nicht geboren
nun sind sie erwachsen und an die Welt wie ich mir
siehe Goethe verloren

Ort der die Kinder erwachsen gemacht hat was bedeutet
das für den Pendler zwischen Villa Berg und Botnang
Arbeitsplatz Arbeitsweg Mittagsgang irgendwo jene
Stelle von der ich mich und dann wieder
nicht los schwang

los und nicht los eingebunden ins Vermischte aus Ter-
minen Ansprüchen Verlockungen Abfällen
Kompromissen Erledigungen und Bildern
zusammengestückt als Erinnerungsabfolge so weit und
nicht weiter zu schildern

unterminiert von konkreter Erinnerung Bilanz gemacht
Stadt im Stehen eingeschlafen wie ich nie wieder richtig
aufgewacht

Stadt von rückwärts gesehn und unverständlich was
einst auf mich zukam
darüber die Spanne Lebens verrann die mir zustand
und weder ab noch zu nahm

Winkel Verstecke verschwiegene Stellen Ecken
Keller Lokale
unsichtbar in den Stadtplan eingezeichnete Initiale

Flecken von Pflaumblütenweiß Kirschblütenweiß
Birnblütenweiß Apfelblütenrot
über die Hänge verstreut wo zu anderen Zeiten das
Violett des Sommerflieders oder das
Karmin des Essigbaums loht

Arbogast Comes später pendelnd sagen wir Haus-
mannstraße am Rand des Tals entlang
bewachend diesen wie mit abrupter Hand in den
Stuttgarter Stadtplan eingezeichneten
Spaziergang

15

WEISSENHOFSIEDLUNG

//

Durch die Siedlung mit
Kurt Schwitters

1927 entstand im Stadtteil Killesberg eine Wohnsied-lung, die viele Stuttgarterinnen und Stuttgarter in Auf-ruhr versetzte: In einer Blitzgeschwindigkeit von vier Monaten waren 33 kubenförmige, weiße, schmucklose Flachdachhäuser entstanden, die mit den bekannten Wohngewohnheiten brachen. Die Weißenhofsiedlung war aus der Erde gestampft worden, eine der bedeu-tendsten Architektursiedlungen unserer Zeit. Ihr Ziel: Wohnungen sollten nicht mehr Repräsentationszwe-cken dienen, sondern allein Gebrauchsobjekte sein. Ih-re Entstehung war Kern der Werkbundausstellung »Die Wohnung«. Der Ausstellungsleiter Ludwig Mies van der Rohe hatte hierfür siebzehn Architekten aus fünf Ländern zusammengebracht, darunter international bekannte Namen wie Le Corbusier, Victor Bourgeois, Bob Oud, Adolf Rading, Ludwig Hilberseimer oder Mart Stam. Elf der Häuser sind erhalten geblieben und immer noch bewohnbar.

Bis heute gilt die Ästhetik der Weißenhofsiedlung als Symbol für neues Bauen – die beiden Häuser von Le Corbusier, seine sogenannten »Wohnmaschinen«, wurden sogar zum UNESCO-Weltkulturerbe erklärt. In

Le Corbusiers Wohnung (Rathenaustraße 1–3) befindet sich heute das Weißenhofmuseum: Die eine Hälfte des Hauses erzählt die Geschichte der Siedlung und stellt Modelle, Objekte und Fotos aus, die andere zeigt das Haus von Le Corbusier – so, wie es 1927 auch die Gäste der Werkbundausstellung gesehen haben müssen, wie beispielsweise Kurt Schwitters (1887–1948). Für die *Internationale Revue* inspizierte und kommentierte der *Merz*-Künstler und Dichter Haus für Haus und schrieb seine Eindrücke in einem Bericht nieder.

KURT SCHWITTERS

Bericht über die Werkbundausstellung Weißenhofsiedlung

Jetzt finden Sie weiter in dem Hause von Le Corbusier in einem Wohnraume, durch eine halbe Wand abgetrennt, eine Badewanne. Warum? Wegen der Wasserdämpfe? Ist das gesund oder ist es hygienisch? Ich sehe weiter und finde dicht daneben eine Klosetttür, die ins Zimmer mündet, und es wird mir klar, wegen des Geruchs. Der Franzose riecht gern, wenn seine Dame aufs Klosett geht oder im Bade sitzt. Der Franzose ist eben elegant, das verstehen wir Deutschen nicht. Der Hauptraum geht durch zwei Etagen. Warum? Wenn man heizt, ist es unten noch nicht warm, wenn man es oben vor Hitze schon nicht mehr aushalten kann. Sollte das Haus wohl für ein südliches Klima gebaut sein, wo man nicht heizt? Und per Malheur steht es nun in Stuttgart. Schade drum, denn ich frage mich wieso. Für diese Idee sprechen auch die riesigen Balkons, die man bei dem Stuttgarter Klima selten benutzen kann. Sollte das Haus von Le Corbusier vielleicht das Klima in Stuttgart günstig beeinflussen und ändern können? Vielleicht durch geheime Gewalten? Oder ist es Romantizismus? Ich kenne mich da nur schwer aus. Auch die Windrichtung und der Regen bei westlichen Winden müssen sich drehen, weil der Balkon nach der verkehrten Seite geschützt ist. So macht man Natur. Aussicht ist Nebensache, denn im Hauptraume fehlt das Fenster an der Wand, die die beste Aussicht haben würde. Aber ich will nichts gesagt haben, denn ich weiß sehr wohl, wie große Verehrung gerade Le Corbusier genießt, und dass man oft meint, unsere deutschen Architekten hätten viel von ihm gelernt. Das kann man auch, man kann an dem Studium Le Corbusiers genau sehen, was falsch ist für deutsche Verhältnisse.

Das Haus von Victor Bourgeois finde ich sehr durchdacht. Es ist hier nicht das hohle Pathos der Fassade von Le Corbusier, dafür ist es innen aber gut, wirklich gut. Alles ist gut durchgearbeitet, Wohnlichkeit, Berücksichtigung der Aussicht, der Wetterseite, Fenster meist nach Süden, guter Sitz der Fenster im Zimmer, gute Form der Zimmer.

Den Häusern von Oud merkt man es an, dass sie von einem erfahrenen Architekten gebaut sind, der vollkommen sicher arbeitet aus seiner Erfahrung heraus. Hier könnte man von allgemein funktioneller Architektur sprechen. Sein Ziel ist, mit den Mitteln der Architektur möglichst einfache und brauchbare Wohnungen zu schaffen. Ich will nicht alle Architekten einzeln erwähnen, das habe ich nicht nötig, weil ich dazu nicht verpflichtet bin.

Interessant ist, dass Rading sein ganzes Haus nur wegen der elektrischen Lichtleitung gebaut hat. Aber die kommt auch wirklich erstklassig heraus. Sie sitzt immer auf kleinen Holzbrettchen, die immer etwa 5 cm von der Decke und Wand vorstehen. Das sieht tadellos aus. Hoffentlich macht diese Anregung Schule, dann haben wir bald in unseren Wohnungen auch jene schönen Oberleitungen, die unser Stadtbild so angenehm verzieren.

Sehr ehrlich wirkt das Haus von Hilberseimer. Es ist gründlich, normal und unphantastisch, das Gegenteil von Le Corbusier. Hier sind keine Badewannen im Zimmer und keine Balken vor den Fenstern. Wie sehr ich diese nüchterne Art schätze, sehen Sie daran, dass ich in meinem Apossverlag schon vor Jahren ein Heft von Hilberseimer: ›Großstadtbauten‹ verlegt habe.

Mies van der Rohe vereinigt Geist der Zeit und Format. Was ist Format? Ein neues Schlagwort für Architekten. Maler können Qualität haben, Architekten Format. Format bedeutet Qualität in der Anschauung. Da kann ein ganz kleines Ding oft Format haben. Und dabei ist das Haus von Mies van der Rohe groß, das größte der Siedlung. Und innen wirkt es riesig durch die bis zur Decke hochgezogenen Türen. Ich kann mir nicht denken, dass man durch diese Türen einfach gehen soll, sondern man schreitet hindurch. Große, edle Gestalten schreiten durch die Türen, voll neuen Geistes. Hoffentlich wenigstens. Es kann ja auch werden wie in den Frankfurter Siedlungen, wo die Leute mit ihren grünen Plüschsofas ankommen. Es kann vorkommen, dass nachher die Einwohner nicht so reif und frei sind wie ihre eigenen Türen. Aber hoffen wir, dass das Haus sie edelt.

Mart Stams Haus ist genial und hat Schwung. Ich meine hier nicht Schwung wie etwa das Dach einer Treppe bei einem anderen Hause Schwung hat, welches im Winter auch als Rodelbahn benutzt werden soll, ich meine mit Schwung das sichere Verwenden der Materialien zu einheitlicher und überzeugender Wirkung. Genialität ist Sicherheit im Arbeiten mit neuen Dingen. Kennen Sie den Stuhl von Mart Stam, der nur zwei Beine hat? Warum vier Beine nehmen, wenn zwei ausreichen? In Stams Hause hängen von Ella Bergmann-Michel Aquarelle.

Ausgestellt ist von May ein Bimsbetonplattenhaus. Warum auch nicht? Stuttgart ist von Frankfurt aus bequem auf dem Wasserwege zu erreichen, und es könnte leicht in diesem Material gesiedelt werden. Jedenfalls ist das Frankfurter Haus eine wesentliche Ergänzung der Werkbundsiedlung.

Ich war sechs Stunden unter den Häusern, habe meinen neuen Sommermantel mit frischer Ölfarbe eingeseift, wodurch ich mich nicht von den anderen Besuchern unterschied, habe Speise und Trank verweigert, weil es da oben nichts Reelles gab und weil ich für das offizielle Diner einen Platz lassen musste, und könnte Bände über die Siedlung schreiben. Aber ich tue es nicht, weil ich nicht verpflichtet bin, sondern empfehle es allen, hinzugehen, Sie haben sicher nicht so leicht wieder Gelegenheit, etwas so Interessantes zusammen zu sehen. Ich empfehle Ihnen auch, machen Sie es wie ich und fahren Sie zurück in einem befreundeten Privatauto über Wildbad, Herrenalb, Baden-Baden, Bruchsal usw. nach Hause, es ist eine nette Fahrt und ein guter Schluss, obgleich dieser Teil des Schwarzwaldes nicht der schönste ist. Bruchsal ist nach den Entwürfen von Taut angemalt, der auch in der Siedlung das bunteste Haus hat. Aber Mies van der Rohe hat es gut berechnet, dass das bunte Haus im Gesamtbilde gerade an der richtigen Stelle steht. Sonst ist Bruchsal mehr Rokoko.

Nun gebe ich nur noch eine wichtige Anregung, und zwar dem Verlage Ullstein: Möge sich der Verlag dazu entschließen, zu der Architekturausstellung in Stuttgart 1000 Worte Schwäbisch herauszugeben, es würde den Genuss erhöhen und das Verständnis erleichtern.

16

BERGER STEG

/////////////////////////

Über den Neckar mit George Orwell

Big brother is watching you – der englische Schriftsteller George Orwell (1903–1950) hat mit seinem Roman *1984* die wohl bekannteste und außergewöhnlichste Dystopie der Literaturwelt geschaffen. Der futuristische Roman aus dem Jahre 1948, in dem Menschen in einer reglementierten Überwachungsgesellschaft leben, wirkt heute erschreckend realitätsnah, denn auch im 21. Jahrhundert ist der Kult-Roman *1984* immer noch hochaktuell. (Unsere alltäglichen digitalen Begleiter – unsere Smartphones – hätten George Orwell wohl nicht sonderlich gefallen, oder?)

Dass der als Eric Arthur Blair geborene Orwell Schriftsteller und Journalist der BBC war, dürfte vielen bekannt sein, doch wer hätte gewusst, dass es Orwell'sche Spuren in Stuttgart gibt? Unter lärmenden Gewehrschüssen traf Orwell damals im Stuttgarter Stadtteil Bad Cannstatt ein – und das zu einem besonders geschichtsträchtigen Zeitpunkt: im April 1945. Orwell kam als Kriegsberichterstatter – und neben Köln und Nürnberg war auch Stuttgart eine seiner Stationen in Deutschland. Die Brücke, über die Orwell in Bad Cannstatt lief, hat der Stuttgarter Wissenschaftler und Anglistik-Forscher Geoff Rodoreda ausfindig gemacht. Es war der Berger Steg – oder wie Rodoreda sie treffender bezeichnet: die Orwell Bridge. Sie verbindet die Ufer des Neckars nahe dem berühmten Mineralbad Leuze und dem in Bad Cannstatt stattfindenden Volksfest Cannstatter Wasen, das bundesweit zweitgrößte Volksfest, über das sich jährlich vier Millionen Gäste treiben lassen.

Der von Rodoreda zufällig wiederentdeckte Zeitungsartikel, in dem Orwell seine Ankunft im zerstörten Stuttgart beschreibt, erschien am 29. April 1945 in der englischen Zeitung *The Observer*. Bei »middle-class-Germans« sei er untergekommen, schrieb Orwell und zeigte sich in seinen Erlebnissen tief bewegt vom Zeitgeschehen. Seine Texte als Kriegsberichterstatter und seine sozialkritische Stimme sind Zeugnis der chaotischen Lage der letzten Kriegstage.

GEORGE ORWELL

Die Deutschen zweifeln noch immer an unserer Einigkeit: Die Flaggen helfen nicht

Bei der U. S. Third Army, Stuttgart, 28. April

Am Morgen, nachdem die 1. Armee in Stuttgart einmarschiert war, entsandte der General der 100. American Division eine kleine Infanterieeinheit und einige Panzer, um am östlichen Stadtrand Kontakt mit den Franzosen aufzunehmen.

Eine Kolonne fand die französischen Truppen am Ostufer des Neckars und kehrte zurück. Den Fluss mit Fahrzeugen zu überqueren, war unmöglich, da alle Brücken auf den 96 Kilometern zwischen Heilbronn und Tübingen zerstört worden waren. Es gab allerdings einen schmalen Steg, der den Deutschen keine Sprengladung wert gewesen war, also beschlossen ich und zwei andere Korrespondenten, die ebenfalls die Amerikaner begleiteten, zu Fuß hinüberzugehen.

Auf der anderen Seite des Flusses rasten Gruppen von Displaced Persons, nach 24 Stunden in Freiheit noch immer trunken vor Freude, in gekaperten Autos und Lastkraftwagen hin und her, während andere, die irgendwie Gewehre in die Hände bekommen hatten, Schüsse auf das im Wasser schwimmende Treibholz abgaben.

Die Innenstadt, oder das, was von ihr übrig war, war vollständig geplündert worden. Die schlimmsten Plünderungen finden für gewöhnlich in den ersten ein, zwei Stunden nach dem Zusammenbruch des Widerstandes statt und sind das Werk von deutschen Zivilisten sowie aus heiterem Himmel entlassenen Gefangenen und Deportierten.

Wenn überhaupt können Plünderungen nur verhindert werden, indem der militärische Verwaltungsapparat schon vor der Einnahme einer Stadt einsatzbereit ist, doch in diesem Fall kam es zu einer langen Verzögerung, zweifellos, weil Stuttgart unerwartet schnell eingenommen wurde.

Selbst 72 Stunden nach dem Einmarsch der Franzosen waren keine Verordnungen erlassen worden, die Militärregierung blieb unsichtbar, einzig eine Handvoll harmlos aussehender älterer Männer mit Armbinden, die sie als »Polizei« auswiesen, patrouillierte gelegentlich durch die Straßen.

Das Chaos nach der Eroberung Stuttgarts fiel vermutlich größer als üblich aus, da es allerorten mit der Plünderung von Weinvorräten einherging. Leere, ja sogar halb leere Flaschen lagen überall verstreut. Ich hatte die Stadt unter dem Donnern von Gewehrschüssen betreten, und als ich sie zwei Tage später wieder verließ, waren noch immer vereinzelt Schüsse zu hören, obwohl die letzten Widerstandsnester längst ausgeräuchert waren. Die Schüsse waren lediglich Ausdruck eines inoffiziellen *feu de joie*.

Die Franzosen ignorierten die Deportierten und konzentrierten sich auf die Deutschen, sie durchkämmten die Stadt Haus für Haus und arretierten nicht nur alle Uniformierten, sondern jeden männlichen Zivilisten, der im Verdacht stand, der Wehrmacht oder dem Volkssturm angehört zu haben. Die Zahl der Festgenommenen war so groß, dass bald schon keine geeigneten Unterkünfte mehr vorhanden waren, nicht wenige mussten daher vorübergehend in einem Tunnel unter dem Hauptbahnhof einquartiert werden.

Insbesondere wenn man beobachtet, wie deutsche Gefangene zusammengetrieben werden, scheint sich eine Kluft aufzutun zwischen fast jedem Angelsachsen und fast jedem Kontinentaleuropäer. Man mag die Notwendigkeit, die deutsche Armee mit allen zur Verfügung stehenden Mitteln zu zerschlagen, voll und ganz anerkennen, doch muss man wohl unter deutscher Herrschaft gelebt haben, um angesichts dieser Szenen der Demütigung echte Freude empfinden zu können.

Als die endlosen Reihen der Gefangenen vorüberzogen, wurden sie von den Deportierten und sogar von einigen französischen Soldaten mit einem vergnügten Grinsen bedacht.

»Genau wie wir 1940!«, lautete ein Kommentar, den ich nicht nur einmal hörte. Manch einer schien gar eine Art grimmige Genugtuung aus der in Trümmer gelegten Stadt zu ziehen. Dergleichen wollte sich bei mir nicht einstellen. Stuttgart ist zwar groß, und bestimmte Bereiche blieben unversehrt; doch wie üblich ist es der historische Kern, der dem Erdboden gleichgemacht wurde, was den Bomben entkam, sind lediglich die uninteressanten Wohngebiete in den Außenbezirken.

Dort war ich bei mittelständischen Deutschen untergebracht. Wie die meisten Deutschen, mit denen ich sprechen konnte, hofften sie nicht nur auf ein baldiges Ende des Krieges, sondern mehr noch darauf, dass möglichst große Teile des Landes von Amerikanern und Briten besetzt werden und so wenig wie möglich von Russen und Franzosen.

Offensichtlich ist es noch immer dringend geboten, die Deutschen davon zu überzeugen, dass die Regierungen der Vereinten Nationen im Wesentlichen auf einer Wellenlänge liegen. Denn gegenwärtig scheint die Auffassung zu überwiegen, dass Russland, Frankreich und Anglo-Amerika sich mehr oder weniger feindlich gegenüberstehen und völlig unterschiedliche politische Strategien verfolgen.

Aus naheliegenden Gründen ist es gefährlich, diesen Gedanken Wurzeln schlagen zu lassen, und das Versäumnis, die Besatzungszonen im Voraus festzulegen, sowie die Tatsache, dass die verschiedenen Armeen in den von ihnen besetzten Gebieten lediglich ihre eigene Nationalflagge hissen, haben ihren Teil dazu beigetragen, die Deutschen in dieser Auffassung zu bestärken.

17

THADDÄUS-TROLL-PLATZ

///

Molière auf Schwäbisch

Bad Cannstatt hat einiges zu bieten: die Mineral-quellen, den Cannstatter Wasen, das Frühlingsfest, die Wilhelma, das Fußballstadion des VfB, die Porsche-Arena … und Thaddäus Troll (1914–1980)! Geboren und aufgewachsen in der elterlichen Seifensiederei in der Marktstraße 9–11 (heute steht hier ein Kaufhof), wurde der Humorist und Kolumnist vor allem berühmt durch den Bestseller *Deutschland deine Schwaben* (1967) und sein Aufklärungsbuch *Wo kommet denn dia kloine Kender her?* (1974). Aber auch sonst war er äußerst umtriebig: Er gründete mit *Das Wespennest* die erste satirische Nachkriegszeitschrift, arbeitete für den *Spiegel*, war als Vizepräsident des PEN-Zentrums aktiv, saß jahrelang im Rat des Süddeutschen Rundfunks und als Vorsitzender im Fernsehausschuss der ARD, schrieb sogar Wahlreden für Willy Brandt. Sein Pseudonym wählte Troll, mit bürgerlichem Namen eigentlich Hans Bayer, gerüchteweise übrigens deshalb, um vor Kurt Tucholsky im Bücherregal zu stehen.

In Bad Cannstatt erinnert heute der Thaddäus-Troll-Platz am Ende der Marktstraße an den humorvollen Cannstatter. Ins Auge sticht hier die Statue von Elke Krämer aus dem Jahr 1989: Sie zeigt einen Bauern, der eine Ente unter seinem Arm trägt. Was es wohl damit auf sich hat? Die Erklärung steckt in Trolls Lustspiel *Der Entaklemmer* (1976), die schwäbische Adaption des Stücks *Der Geizige* (1668) von Molière. *Der Entaklemmer* – so auch der Titel der Statue – bezeichnet im Schwäbischen einen geizigen Menschen, wie zum Beispiel einen Bauern, der noch einmal prüft, ob die Ente nicht doch vorhat, ein Ei zu legen, um dieses abzuquetschen, bevor er sie freilaufen lässt oder verkauft. Denn wäre es nicht eine schreckliche Verschwendung, würde die Ente das Ei im Nachbarsgarten legen? Im Stuttgarter Staatstheater wurde das Stück 1976 uraufgeführt und war ein voller Erfolg.

Troll, der zuletzt an schweren Depressionen litt, nahm sich 1980 das Leben. Er wurde auf dem Steigfriedhof in Bad Cannstatt beerdigt. Seit 1981 wird ihm zu Ehren der Thaddäus-Troll-Preis verliehen, ein Preis für junge Autorinnen und Autoren aus Baden-Württemberg.

THADDÄUS TROLL

Der Entaklemmer

ELISE. Worom hoißt mer ehn eigentlich iberall de Entaklemmer?

HEINER. Weil d'Enta ihre Oier net ordentlich en Neschter leget wia d'Henna, sondern akkurat do, wo se grad sent. Drom klemmet geizige Baura ihre Enta, bevor se se aus em Schtall lasset, ens Fiedle. Ond wenn se merket, daß se a Oi traget, lasset se se net aus em Schtall, daß 's Oi net verloregoht.

ELISE. A so!

HEINER. Ond dr Vatter isch halt so a Entaklemmer. Er gibt ons net amol a Taschageld. Ond was nitzt ons sei Sach, wenn mer's erscht kriaget, wenn mer amol nix meh drvo hent? Om a bißle lebe z'könne, muaß i iberall vertlehne, ond daß i net drherkomm wia a Altschtadtschlamper, muaß e Geld pompe. Aber do ka mer nix mache. I han au iber ebbes ganz anders mit dr schwätze welle. Hilf mr doch rausz'kriage, was dr Vatter driber denkt, daß i a arms Mädle mog.

ELISE. Do brauch e gar nix rauskriage, des kann e dr glei sage. Er sächt: Laß d'Fenger von era scheene Schissel, wenn nix dren isch.

HEINER. Wenn's so isch, no gang e oifach durch. Aber dodrzua brauch e au wieder Geld. 's isch jo kurios, i mog d'Mädla, ond du mogscht d'Buaba, ond wenn dir's so goht wia mir ond onser Vatter net will, no lasset mer ehn halt hocke ond probieret selbviert onser Glick.

ELISE. A jo, jeden Tag gibt er ons meh Grond zom Flenne, weil onser Mamme gschtorbe isch.

HEINER. Do kommt er. Komm, mer ganget, no könnet mer loschore. Vielleicht kriaget mer'n doch no rom.

Textverzeichnis

85   Anna Katharina Hahn (geb. 1970)

A. K. H.: Aus und Davon. Berlin: Suhrkamp, 2020. S. 59–61. – © 2020 Suhrkamp Verlag, Berlin.

38   Wilhelm Hauff (1802–1827)

W. H.: Sämtliche Märchen. Hrsg. von Hans-Heino Ewers. Stuttgart: Reclam, 2019. S. 149–154. [Die Orthographie wurde behutsam modernisiert.]

90   Helmut Heißenbüttel (1921–1996)

H. H.: Ödipuskomplex made in Germany. Gelegenheitsgedichte Totentage Landschaften 1965–1980. Stuttgart: Klett-Cotta, 1981. S. 101–103. – © 1981 Klett-Cotta, Stuttgart.

46   Friedrich Hölderlin (1770–1843)

F. H.: Gedichte. Eine Auswahl. Hrsg. von Gerhard Kurz. Stuttgart: Reclam, 2020. S. 39–43. [Die Orthographie wurde behutsam modernisiert.]

67   Sibylle Lewitscharoff (geb. 1954)

S. L.: Montgomery. Stuttgart/München: Deutsche Verlags-Anstalt, 2003. S. 107–111. – © 2003 Deutsche Verlags-Anstalt, München, in der Penguin Random House Verlagsgruppe GmbH.

78   Rosa Luxemburg (1871–1919) / Clara Zetkin (1857–1933)

R. L.: Gesammelte Briefe. Berlin (Ost) 1982 (Bd. 3), 1984 (Bd. 5). Berlin: Dietz Verlag, 1982/84. S. 15 f., 65–67. [Die Orthographie wurde behutsam modernisiert.]

C. Z.: Briefe. In: Archiv für Sozialgeschichte. Hrsg. von der Fried-rich-Ebert-Stiftung. XI. Band. Braunschweig/Bonn: Verlag für Li-teratur und Zeitgeschehen, 1971. S. 431–435. [Die Orthographie wurde behutsam modernisiert.]

32 Massive Töne

M. T.: Mutterstadt. Text: Max Herre, Jean Christoph Ritter, Robert Zemichiel, Wasilios Ntuanoglu. Musik: Wasilios Ntuanoglu. – © Ed. From Here To Fame, Ed. Fourplay / Arabella Musikverlag GmbH.

22 Eduard Mörike (1804–1875)

E. M.: Sämtliche Werke, Briefe. Ausgabe in drei Bänden. Hrsg. von Gerhart Baumann in Verb. mit Siegfried Gross. Stuttgart: Cotta 1959–61. S. 776–778. [Die Orthographie wurde behutsam moder-nisiert.]

102 George Orwell (1903–1950)

G. O.: Die Deutschen zweifeln noch immer an unserer Einigkeit: Die Flaggen helfen nicht. In: The Observer. 29. April 1945. Übers. von Michael Lenkeit.

55 Wilhelm Raabe (1831–1910)

W. R.: Sämtliche Werke. Braunschweiger Ausgabe. Hrsg. von Karl Hoppe, Jost Schillemeit, Hans Oppermann und Kurt Schreinert. Bd. 15: Fabian und Sebastian. Prinzessin Fisch. Villa Schönow. Bes. von Rosemarie Schillemeit. Göttingen: Vandenhoeck & Ruprecht, 1979. S. 7–9. [Die Orthographie wurde behutsam modernisiert.]

17 Joachim Ringelnatz (1883–1934)

J. R.: Reisebriefe eines Artisten. Berlin: Rowohlt, 1928. S. 98 f. (1) [Die Orthographie wurde behutsam modernisiert.]
J. R.: Gedichte, Gedichte von Einstmals und Heute. Berlin: Rowohlt, 1934. S. 82 f. (2) [Die Orthographie wurde behutsam modernisiert.]

72 Friedrich Schiller (1759–1805)

F. S.: Die Räuber. Ein Schauspiel. Mit Anm. von Christian Grawe. Stuttgart: Reclam, 2017. S. 16–18. [Reclams Universal-Bibliothek. 00015.]

28 Wolfgang Schorlau (geb. 1951)

W. S.: Die blaue Liste. Denglers erster Fall. Köln: Kiepenheuer & Witsch, 2003. S. 82–86. – © 2003 Verlag Kiepenheuer & Witsch GmbH & Co. KG, Köln.

96 Kurt Schwitters (1887–1948)

K. S.: Das literarische Werk. Bd. 5. Manifeste und kritische Prosa. Hrsg. von Friedhelm Lach. Köln: DuMont, 1981. S. 283–286. [Die Orthographie wurde behutsam modernisiert.]

10 Jan Snela (geb. 1980)

J. S.: Dass diese Furcht zu irren .... Originalbeitrag. Mit freundlicher Genehmigung von Jan Snela.

60 Wolfgang Stauch (geb. 1968)

W. S.: Tatort. Stadt in Angst. Drehfassung. S. 18–21. – Mit freundlicher Genehmigung des SWR.

108 Thaddäus Troll (d. i. Hans Bayer; 1914–1980)

Th. T.: Der Entaklemmer. Stuttgart: Silberburg-Verlag, 1991. S. 17 f. – © 2002 Silberburg-Verlag, Stuttgart.